杨红光／编著

第一部完整讲述
中国铁路发展史的作品

大国速度

艰难起步

U0130055

北京联合出版公司
Beijing United Publishing Co.,Ltd.

图书在版编目（CIP）数据

大国速度 艰难起步：第一部完整讲述中国铁路发展史的作品 / 杨红光编著.
-- 北京：北京联合出版公司，2019.4
ISBN 978-7-5596-2854-1

Ⅰ.①大… Ⅱ.①杨… Ⅲ.①铁路运输—交通运输史—中国
Ⅳ.① F532.9

中国版本图书馆 CIP 数据核字 (2018) 第 299665 号

大国速度 艰难起步

总 策 划：翎远华章
策　　划：白　翎
责任编辑：刘　恒
出版统筹：白　翎
特约监制：玉　儿
特约编辑：尤军丽
封面设计：璞茜设计

北京联合出版公司出版
（北京市西城区德外大街 83 号楼 9 层　100088）
北京联合天畅文化传播公司发行
天津行知印刷有限公司印刷　新华书店经销
字数 198 千字　880 毫米 ×1230 毫米　1/32　8.5 印张
2019 年 4 月第 1 版　2019 年 4 月第 1 次印刷
ISBN 978-7-5596-2854-1
定价：42.00 元

序：中国人的陆地飞行梦

最初，产生策划《大国速度》这套书的想法是在 2014 年，在我去过北京中国铁道博物馆后产生的。那时我还在某大学出版社工作，在一次去武汉总部开选题会的时候提出了策划的设想。只可惜当时基于种种原因，最后没有成形。

2014 年至今又四年多过去。这四年多，每当我走到一个地方，只要当地有涉及铁路的博物馆，或者博物馆里有涉及铁路的资料，我都会去参观搜集资料，以便将来有机会为创作这套书的人提供相关史料，让他完成创作。为此我到过东北，去沈阳蒸汽机车博物馆，了解中东铁路、南满铁路等铁路线。到青岛看过胶济铁路的起点。趁周末的时间到济南，在山东省博物馆旁的宾馆里住下，只为山东省博物馆里残存的那一点点有关胶济铁路的资料，还有济南老火车站。在我看到的资料里，济南老火车站独具特色，是一座难得的艺术宝库，只可惜 1992 年被政府下令拆除。拆除的原因竟然是不想人们因其想起中国人民受欺压的历史。无比可惜，又有多少遗憾，曾阅尽济南开埠百年的济南老火车站，如今已经铅华落尽，只存在历史里。

2016年下半年我到了云南边境，去看了滇越铁路上运行百年的米轨小火车。它经历过辛亥革命、护国运动、抗日战争、国共内战、越南独立战争、"文化大革命"、对越自卫反击战的考验，是世界上运行时间最长的一条铁路。历经百年，如今还留有的残骸也所剩无多。

津浦铁路上的泺口黄河大桥，以及蚌埠铁路大桥都还在用，到如今已被一日千里的京沪高铁线所代替。

有关中国铁路建设发展记载更详细的文献资料大部分毁于十年"文革"，部分幸免于难流传下来的文献资料也已残缺不全。历史资料残缺无法也无须弥补，现在是在资料残缺的基础上做历史研究。

为收集资料，我去过武汉、上海、青岛、石家庄、昆明、沈阳、哈尔滨、郑州、济南、淄博、兖州、保定……有时候自己也忘了行走在这些城市是为了什么。可能找寻到一点点资料对自己来说也是一种满足。这种满足，为的是成就一个了解更多中国铁路由来的梦想。就比如书里有关胶济铁路的部分，大部分资料是从青岛、济南这两座城市收集到的，剩余的零星资料是在原胶济铁路沿线的潍坊、淄博等城市找到的。为收集资料，这几年去了不少城市的博物馆，以至于到现在提到博物馆就有一种想进去看看的冲动。

除了到各个城市收集资料之外，在北京的时候我也会去国家图书馆，查找各种有关铁路的资料，一翻就是一天。并利用网络搜索渠道，以佐证甄别所查资料的缺误之处。

有时候在国家图书馆里查到的资料，跟在地方博物馆找到有关同一条铁路的资料可能有不同的说法，拿不准到底是地方博物馆展示的资料有误，还是在国家图书馆查到的资料有误。比如，对关内外铁路关东路段，有些资料直接称呼关东铁路，但是对关东铁路的由来都无介绍；对一些铁路支线的突然冒出也找不到前因后果，往往它出现一次，以后再无下文。这让人有一种摸不着头脑的感觉。这时候就需要有专业的人士来甄别并加以解释。对铁路我非专业人士，不敢妄加评判，更不敢在没有铁路专业知识的情况下加工、整理该作品。

后来我认识了在某铁道学院任教的杨红光副教授。杨教授毕业于中国最好的铁道大学——石家庄铁道大学，深耕铁路发展、轨道交通专业，对中国铁路发展有很深的认识。

2017年十一月十八日，因大兴区新建二村的一场火灾，北京展开为期四十天的大排查、大清理、大整治专项行动。十一月三十日我在北京清理外地"低端人口"正盛的时间里，蜗居在京西北的一间公寓里，在断水、断电、无暖气的情况下，夜晚靠着一支蜡烛整理完《大国速度》第一册最后部分的资料。与杨教授约好十二月三日在郑州相见，把资料交给他做更精确的专业整理与创作，使本书更系统更完整。那夜，我看了一下手机上的天气预报，北京气温零下八度。我在微信朋友圈里看到那些拖着行李四处找地方住的人们，零下八度，哪里是家？还有那些等在北京西站、北京站离开北京的人，铁路给了他们回家的勇气，让他们可以一纸火车票回家，有个归途。那夜，我站在阳台上，看着四周的漆黑，吸了一口气，好冷……

1840年，鸦片战争的枪炮声轰开了中国的大门，使近代中国承受了一百多年的屈辱。曾、李、张等人秉持"师夷长技以制夷"的思想，以洋务运动为起点，在短短三十年内发展起来各种近代化企业与军队：开平煤矿、汉阳铁厂、轮船招商局、江南制造总局、北洋舰队等，以及建设铁路：吴淞铁路、唐胥铁路、关内外铁路、津浦铁路、京张铁路……。从1865年中国这块土地上出现第一条铁路到今天，中国人为着自己的陆地飞行梦，奋斗了一百五十年。到今天有了运营时速三百公里的"和谐号"、测试时速四百公里的"复兴号"，高铁出海展现雄风。回顾历史，我们不会忘记那些付出过努力推动社会向前发展的中华儿女，也不会忘记帮助过中国发展的外国人。不忘初心，砥砺前行。我想，这也是我们策划这套书的意义所在。

由于文献资料的缺失与模糊，在整理加工创作这套书时，我们借鉴了专家学者们的观点以作参考，在此表示衷心的感谢。同时限于编者与策划者水平，书中难免存在错漏之处，欢迎读者批评指正。

策划人：白翎

2018 年七月三十日于京西北小筑

目录
contents

第一章
夭折的尝试——吴淞铁路

"五千年未有之大变革"

中国是历史悠久的政治大国，从古至今在世界上都有着举足轻重的政治地位和经济地位。从先秦到晚清，中国人民用自己的双手创造了一个又一个盛世，有"霸王道杂之"的大汉，有万国来朝的盛唐。勤勉的中华儿女一代代地求索和奉献，在五千年的时空之中，出现了很多了不起的英雄，有仁而爱人的孔子，有横刀立马的岳飞。然而，到了晚清时期，随着西方资产阶级的发展，周围的一切都静悄悄地发生了改变，原始的自给自足的安宁被打破，一种新的、反对皇权和独裁的政治体制开始酝酿并且诞生。随之而来的是新生的科学技术的质的飞跃，工业革命席卷着一切先进和落后的国度走向新的历史时期，这就是近代。进入十九世纪，中国社会上上下下都在遭逢着"五千年未有之大变革"，然而正在执政的清政府，却像一个刚醒酒的老妪，困愕地看着周围世界的巨变，端着年老贵妇的架子，在近代化的道路上蹒跚前行。

1820年，道光皇帝继位了。他执政的年代是清政府由封闭走向被迫开放的转折点。这位皇帝是一个苦命的天子。缔造了康乾盛世的乾隆皇帝死后留下了一个巨大的烂摊子，表面上繁荣的社会四处都是创伤。嘉庆皇帝费尽了心思，仍然没能挽救江河日下的政治局面，带着遗憾和愧疚去世了，留下了群贼并起的动荡社会和入不敷出的中央财政。道光把这个烂摊子接了过来，他兢兢业业地操持着国家的军政事务，严于律己，力行节俭，可是他终究不是一个能力挽狂澜的人。一切的问题和纰漏都在持续，道光忙于给这个千疮百孔的王朝打补丁。在1840年以前，这块王朝的破布虽然老而破，但是还没有出现太大的漏洞。而到了1840年，这块破布上被人为地戳出了一个极大的窟窿，从此窟窿越来越多、越来越大。帝国的财富和权力开始从这些圆不圆、方不方的大窟窿里倾泻出去，同时，帝国不能为外人道的腐朽和落后也丧失了遮羞布，开始暴露在世人的面前。

这一切，都要从1840年的鸦片战争说起。1840年以前，中国的经济形态长期处于非常保守和单一的结构之下，那就是自然经济。自然经济指的是一种非常原始的经济形态，祖祖辈辈长期以来以家庭为单位，男耕女织，自给自足，市场就可有可无，贸易就非常落后。内贸是这样，外贸也是如此。清政府由于文化和军事上的自卑以及经济上的自负，对于敞开国门与外界发生交流、交换这件事情非常谨慎，相比任何文化和军队都能够轻易地到达自己的领土，统治者显然更加倾向于安安稳稳地过自己的日子，毕竟"天朝上国，物产丰盈"，也不需要外来的任何必需品。于是"闭关锁国"这个政策应运而生，归根结底，这个政策是在中国传统的自给自足的自然经济发展到顶峰的刺激之下产生的。全然不与世界发生贸易显然是不现实的，于是清政府留下了一个口岸，这就是广州。在清政府的心目之中，直接与异族发生交流和交换显然是一件降低身份的事情，于是，外实内虚的天朝找了一个机构来做中外贸易的代理中间商——广州十三行。

十九世纪上半叶的西方，工业革命进行得如火如荼，大规模的蒸汽设备开始涌现，随着生产力的发展，产品的生产越来越容易，资本家的胃口也就越来越大。一直以来，资本家以利润为目的，哪里有利润，哪里就有资本的投入。就像是鲜花与蝴蝶，利润天生地吸引资本。而提升利润有两个渠道：一个是降低成本，一个是提高销量。如何才能降低成本呢？毕竟本国的原料产地有限，而且价格透明，于是这些精明的资本家将眼光转向了那些欠发达却物产丰盈的地区，那里的人工和交通成本都很低，从这些地区采购原材料，是从源头上降低成本、攫取利益的最佳方式。那么如何才能提高销量呢？毕竟本国的市场只有那么大，人民的需求也只有这么多，狭小的市场满足不了资本家的野心。因此他们只有转向其他的阵地，去开辟更多更大的市场来卖出更多的产品，才能赚取更多的利润。这个新的市场人口越多、需求越大，就越吸引人。就这样，中国作为一个完全满足要求的欠发达人口大国走进了西方资本家的视野。

随着中外贸易的升级，十三行的生意越来越红火，广州当地人的生活受到的影响也越来越大。然而，当西方的资本家们想要进一步打开中国市场的时候，一个重要的问题摆在他们的面前。这就是，中外贸易的结果大大出乎他们的预料，每一年的贸易结算，都以中国人赚钱、洋人赔钱来告终。通过一次次的研究和商讨，资本家们找到了亏损的原因，那就是自然经济的阻挡。中国人衣食无忧，西方的洋货再好再精美，中国人也不需要。而相反的是，中国的茶叶、丝绸已经是西方社会生活的潮流，是不可或缺的产品。为了扭亏为盈，西方资本家们制定了长期和短期两种战略：长期的是，要运用一切的手段，来打破中国这种耕织结合自给自足的经济生态，为长期向中国市场销售商品开辟道路；而短期的则是，必须要及时地实现盈利，用最快的速度将中国人赚去的钱赚回来，于是"鸦片贸易"应运而生。

鸦片是一种毒品，它来自于罂粟，有一定的镇痛和麻痹的药用价值，然而如果大量服用或者吸食鸦片就会对人体产生很大的危害，诸如精神萎靡、体力衰竭，最后会在浑浑噩噩之中死去。西方商人采取短期战略，不断地向中国销售鸦片。人的本性是趋利避害的，当社会现实过分沉重，人们往往会选择逃避，吸食鸦片所带来的飘然幻觉是最好的逃避现实的途径。鸦片让中国人把手里的白银大量地交到外国商人的手中，造成了财政上的更大的亏损，与此同时，国民的身体素质也受到了很大的影响。面对这种形势，清政府给予了高度重视。其中有一个著名的大臣，叫作林则徐，他给道光皇帝上了一封奏疏，在这封奏疏里详细地描述了鸦片对于中国的危害，他总结说："鸦片的流入是对中国社会的慢性毒害，中国已经中毒了很长时间。在财政和经济上，中国的真金白银大量地外流，时间一长，政府的手中就再也没有能够及时利用的钱财了。同时，鸦片极大程度地威胁国民的身体素质，官僚吸食鸦片，不能有效地决断政务。更可怕的是军人吸食鸦片，身体羸弱得甚至不能提起手中的武器，那么国家也就没有能够利用的军队了。长此下去，不堪设想。"这封奏疏极大地震惊了道光皇帝，他立即下令由林则徐负责，到广州去督察鸦片，从源头上把这个罪恶的贸易掐断。

咸丰帝托孤

一般意义上说，咸丰皇帝去世以后，在外国势力进入中国之际，清政府就已经走入了它的风烛残年，后来的人们将这一段的历史划分为晚清时期。从十九世纪中期到二十世纪前期的四十余年里，中国的实际掌权者是一个很不一般的女性——慈禧。

慈禧的姓氏是叶赫那拉，她的父亲名字叫作叶赫那拉·惠征，满族的亲贵为了方便称呼，一般会省略姓氏，因此慈禧的父亲以名字行于世。惠征只是一个中等官僚，地位并不算显赫，并且因为一桩祖上贪污的案子遭过官司。对于慈禧来说，她的家庭并不是一个非常有利于她的政治资源，因此纵观慈禧的一生，她都鲜少提及自己的家庭，即便是她以自己的妹妹和妹夫为重要的倚仗。但是，慈禧究竟是将自己的妹妹、妹夫看作亲密的娘家人，还是将他们视作为数不多可以倚靠的政治势力，这很难判断。能够判断的是，慈禧家庭权势的沉浮完全由王权来决定，这使她一生对权力有着执着的追求。

中国历史上曾经有过很多个著名的谶（音 chèn）语，比如说秦灭六国获得统一。在灭楚的时候，楚国一个叫作楚南公的老人看到国破家亡，十分愤怒，他面对汹涌而来的秦军，愤懑地赌咒说："楚虽三户，亡秦必楚。"意思是说，不论秦国日后强盛到什么程度，灭掉秦国的一定是我楚国人，即便那时候楚国仅仅剩下三户人家，也一定能够打败秦国！后来，秦朝暴政，二世而亡，灭掉秦国的果然是勇猛强大的西楚霸王项羽。相传，爱新觉罗家族在歼灭满洲其他后金部落的时候，也是非常血腥的部落倾轧。到打败叶赫那拉人的时候，叶赫那拉人也曾经赌咒说："我们叶赫那拉哪怕只剩下一个女人，也要灭亡你爱新觉罗。"两百多年过去，叶赫那拉家族的慈禧果然以自己愚昧、保守、陈腐的施政纲领毁掉了爱新觉罗的江山。事实上，楚国的谶语是有史可考的，而叶赫那拉家族的谶语则有杜撰的可能，由此可以反映出慈禧掌权时期政策的不得民心。

　　咸丰不是一个风流天子，他的资质也很一般。当时道光皇帝的众皇子中，年龄相当、能够在皇位继承人的考虑范围内的一共有三个皇子：排行第四的咸丰，是最年长的；排行第五的奕誴；排行第六的是后来的恭亲王奕訢。这位五阿哥奕誴是最早被排除在皇位继承人之外的，因为这个人胸无城府、口无遮拦，每天吊儿郎当，很不讨道光皇帝喜欢，于是早早给他过继出去了。剩下的就只有相差两岁的老四和老六。道光皇帝总体来说不算是一个坏皇帝，但是他在选择继承人方面并不成功。道光皇帝在位的晚期，就已经出现了因为鸦片在中国流通而引起的鸦片战争，已经有外国势力开始渗入到中国的境内。明智的君主应当知道，接下来应该是一个比较混乱和迎接大变革的时代，不知道光皇帝是对未来形势估计失误还是失察于咸丰。总之，他将一个适合做太平天子的温和保守的老四推向了皇帝的宝座。而敏于应变、勤于思索，更加活泼机灵的老六一生之中显然没有机会发挥自己的全部价值。

咸丰皇帝热爱戏曲，为人比较保守，用现代政治观来讲，就是政治思想右倾，有投降主义、机会主义、保守主义的倾向。比如在太平天国运动时期，朝中一贯倚重的八旗、绿营军队战斗力已经丧失，仍被他派往前线，他对当时唯一可以倚靠的汉族大臣不放心，始终有所忌惮和牵制，对于中外合击太平军的计划更是视若洪水猛兽。一直到他去世，在慈禧的主政之下，才有对汉族大臣的相对信任，才有对太平军的迎头痛击。在第二次鸦片战争中，咸丰帝表现得更是懦弱被动。敌军来到的时候，咸丰帝没有想着如何去指挥抵御，首先想着要躲到承德去，把自己的弟弟奕䜣留在京城与洋人谈判，这个举动相当于把奕䜣推上了风口浪尖。咸丰帝虽然拙于理政，但是精于保护自己的权力和地位。奕䜣留在京城非常为难，本来城下之盟，根本没有平等谈判的可能。况且他又不是帝国的第一统治者，签署屈辱条约以后，他将成为直接的罪魁祸首、最大的替罪羊和天下人唾骂的目标。

人算不如天算，咸丰帝考量得不错，但是事实出乎他的意料。首先，奕䜣与外国人沟通洽谈的能力比他预计的要强，奕䜣给外国人留下了很深刻的印象。各国使臣纷纷称赞这位皇帝的弟弟，认为他逻辑清晰、文武双全，甚至强过那位抛弃皇都人民逃走的皇帝。六弟是咸丰心里的一根刺，直刺着他心里最大的痛点。自己惧怕的洋人认可六弟，这无异于将咸丰心里的这根刺再向下刺几厘米。咸丰皇帝因此大病一场，不久就撒手人寰了。

　　咸丰皇帝只有一个儿子，叫作载淳，当时只有六岁。六岁的小童显然是不能够独立处理政务的，没有办法，咸丰只有选择托孤。情急之下，咸丰皇帝选择了自己一直非常信任的肃顺，同时将自己的皇后也委以重任，他将自己平时观赏字画时所用的两方闲章赐给了自己的皇后钮祜禄氏和年仅六岁的儿子载淳，并且宣布，凡是政策命令，没有加盖这两方印章的一律不得生效。闲章是中国传统知识分子的小工具，一般当文人们欣赏名书画的时候，或者是进行书画创作的时候，会印在作品上。闲章上所刻的内容要么是表明主人的心志，譬如风花雪月、寒梅傲骨、建安风骨一类的；要么是表明主人的身份，譬如缘缘堂主人、莽苍苍斋主人、环天室主人等等；此外也有印着地名或者仅仅是作为标记的，咸丰皇帝用于托孤的这两枚小闲章就是属于这一类，一枚叫作"同道堂"，一枚叫作"御赏"。"同道堂"是咸福宫的后殿，而"御赏"则表示皇帝看过了的意思。

皇后钮祜禄氏手里保留的是"御赏"，而载淳手里保留的是"同道堂"，因为他的年龄太小，这方印实际上由他的生母叶赫那拉氏保管。这两方印实际上将两宫太后联合在了一起，相当于是赋予了她们行政事务上的一票否决权，咸丰皇帝希望小皇帝能够在两位母后的辅助之下对肃顺等人起到一个制约的作用。咸丰皇帝过世不久，肃顺作为"顾命八大臣"当中的首席，很快全面地接手了朝政。肃顺是满洲镶蓝旗人，是清朝的宗室，也姓爱新觉罗，他的祖先是努尔哈赤的弟弟舒尔哈齐。但是传了两百多年下来，肃顺已经属于旁支中的旁支，宗法关系上早已不在核心的地位里。肃顺当时年富力强，不到四十岁，他精于谋算，而且对咸丰皇帝的直系亲眷多有忌惮，为了压制他们的势力，肃顺几乎从咸丰皇帝一死就开始擅权。他的擅权自然直接引起了恭亲王和两宫太后的不满，并且因此招来了杀身之祸。

慈禧的擅权

　　咸丰皇帝死在承德，他的灵柩得从承德运回北京，然后安葬。从承德回京城有两条路，一条大路和一条小路，大路路远，而小路比较近。两宫太后因为要带着年幼的小皇帝上路，不能在路上拖延太久，因此走的小路。而肃顺则要护送先皇的灵柩，大路宽广平坦，因此走的大路。看似是一个路线选择的小问题，却无意之中决定了日后中国政治的走向。正因为两宫太后选择了比较近的小路，因此她们得以提前两天到达京城，得到了和恭亲王密谈的宝贵机会。肃顺一行人到达京城前，恭亲王和两宫太后已经将计划完善得天衣无缝，专等着肃顺入瓮。等到肃顺走到密云，一道圣旨传来，上面罗列着已经预备好的罪状：肃顺玩忽职守，导致英法联军入侵；是肃顺欺君罔上，哄骗皇帝到承德去狩猎；是肃顺大逆不道，哄骗皇帝到承德去，害死了皇帝；害死皇帝还不算完，肃顺更加放肆擅权，拒绝两宫太后垂帘听政，有篡位不臣之心。六岁的小皇帝根本没有能力写一篇这样的圣旨，不难想象，这篇圣旨是在两宫太后的授意和恭亲王的安排下，由道光皇帝的第七子、恭亲王的弟弟、慈禧太后的妹夫醇郡王奕譞写就。肃顺根本没有回击的余地，就地被捕，不久押往北京菜市口问斩。以肃顺为首的八位顾命大臣死的死、免职的免职、流放的流放，总之是两宫太后和恭亲王这一党人获得了全胜。历史上称这次事件为"辛酉政变"或者是"祺祥政变"。祺祥是肃顺等人给载淳定下的年号，取大吉大利的意思。

辛酉政变以后，祺祥年号被废，新的年号为同治，取两宫同治和同与顺治的意思。顺治皇帝是清朝入关以来的第一位皇帝，其时国力昌盛、欣欣向荣。同治这个年号喻示着希望载淳能够像福临（即顺治帝）那样睿智蓬勃，同时也是暗中期待两宫太后能够发挥孝庄太后的作用，为国家贡献第二个康乾盛世。祺祥年号没有真正地实行，但是货币祺祥通宝却已经铸造。因此在收藏界，祺祥通宝因为稀少而格外珍贵。

咸丰皇帝去世以后，他的正宫皇后钮祜禄氏上尊号为"慈安"；载淳的生母，我们熟悉的叶赫那拉氏则被上尊号为"慈禧"。这就是"慈禧"这个名号的由来，它是从咸丰皇帝去世以后才开始使用的。慈禧太后的权力欲望要远远地高于慈安太后。慈安太后的出身比较高贵，他的生父穆扬阿出仕的时候就已经是二品官，嫡母是清朝的宗室。太平富足的原生家庭让慈安太后性格比较沉稳从容，而慈禧太后则显得更汲汲于权力和富贵。

中国历史上擅权的太后有很多，各种目的的都有，大体分为两类：一类是真正有政治抱负的，譬如说武则天，真正能够任用能臣、减轻赋税，以治理国家为己任，同样的还有北魏孝文帝的祖母冯太后，辽朝的萧太后，一手缔造了康乾盛世的孝庄皇后；另一类则以获得权力为享受生活的保障，这一类的典型代表就是慈禧太后。事实上，儿子同治做皇帝的时候，慈禧太后的梦想并不是成为一个铁腕人物，她梦想的是成为第二个孝庄皇后，培养自己的儿子和孙子，享受他们的孝道和全天下人的尊敬。

同治皇帝在位期间，在慈禧太后的主政之下，太平天国终于被消灭，同时，一批先进的士大夫开始联合在一起学习西方的先进器物技术，开始了轰轰烈烈的洋务运动。一时之间，陈腐的国家开始有了积极向上的气息。从太平天国被攻破的1864年一直到同治皇帝去世的1875年，这十年左右的时间国家没有出现大的战争，是清朝最后的一段太平岁月，历史上称其为"同治中兴"。慈禧太后一心希望同治亲政以后能够有所作为，然而事与愿违的是，同治皇帝十九岁，亲政仅仅一年多就去世了，并且没有给慈禧太后留下一个可以培养和寄托的孙子。

同治皇帝自幼长在深宫，对于外面的世界一直非常好奇。他虽然贵为一国之君，但是在宫中事事不能自主，完全笼罩在慈禧太后的阴影下面动弹不得。有一次，同治皇帝想要吃木瓜，于是就写了一张条子交给管事的太监，让太监拿着条子到内务府领五百两银子去买木瓜来吃。结果被内务府的主管荣禄拦下，荣禄拿着条子对同治汇报说，宫里的吃食都是有途径的，钱已经拨过了，没必要浪费这个钱来买木瓜。堂堂一个国君，连买木瓜的钱都支不出来，可见同治在深宫中的日子非常不好过。相传，长期的压抑和对外界的渴望让同治终于按捺不住，他开始在小太监的带领下偷偷摸摸混出宫去游玩，刚开始只是在十里八街散散步，后来就升级到了寻花问柳的地步。堂堂的天子跑出去冶游总不是一件光明正大的事情，为了避免被人认出来，正规的场所他不敢去，只能选择去那些没有招牌、简陋偏僻有暗娼的地方。一来二去，年轻的同治就染上了梅毒，慈禧太后发现了以后为了维持颜面，坚决不允许太医按照治疗梅毒的方法为儿子医治，她一直对外宣称同治是得了天花，最后终于将年仅十九岁的同治皇帝治死。

但事实上，野史的记载并不一定可信。天花一直是清朝面临的重大疾病，顺治皇帝疑因天花而死，而康熙皇帝的脸上则终生留着出过天花的痘印。短暂的同治中兴结束了，慈禧太后选择了自己亲妹妹的儿子来做继承人。此举保证了自己依然能够以太后的身份来摄政，同时又方便把小皇帝紧紧地控制在手中。

慈禧的妹妹名叫婉贞，在慈禧的请求下，咸丰皇帝做主，将她嫁给了自己的弟弟七爷奕譞。光绪皇帝爱新觉罗·载湉就是婉贞和奕譞的儿子，在血缘上是离慈禧和同治皇帝最近的人，加上他的年龄又小，当时只有四岁，正是容易受摆布的时候。因此年仅四岁的载湉成为了新皇帝的绝佳人选，慈禧由此将自己的垂帘听政继续了下去。1881 年，光绪七年，慈安太后去世，慈禧太后成了清政府幕后的唯一操控人，她更加肆无忌惮。此时的她，早已不满足于子孙的孝道和奢华的生活了，深居后宫之中，唯一让她有安全感的就是手中的权力。

同治作为慈禧的亲生儿子，一直处在慈禧的威胁之下，而光绪仅仅是她的外甥，三十四年的宫廷生活里，更是时时刻刻处于水深火热之中。在家庭生活中，慈禧要光绪叫她"老佛爷""亲爸爸"；在政治上，慈禧更是毫不放手，一直到1889 年光绪大婚亲政以后，慈禧才不情不愿地交出权力，交出权力的慈禧就像是一个冤死的鬼魅，仍然死命地抓住权力阴魂不散，待时机成熟了她还要诈尸。果然，1898 年为了阻挠戊戌变法，慈禧太后以六十三岁的高龄再次高调走向政治舞台的台前，将光绪皇帝幽禁在瀛台，所有支持变法维新的人一概通缉，毫不留情地将谭嗣同等六人判处死刑。

从 1861 年咸丰皇帝去世到 1908 年慈禧病逝，慈禧太后在政治的旋涡里纠缠了四十七年。在将近半个世纪的斗争中，她成功地战胜了肃顺、恭亲王、慈安、光绪、康有为等人。她像一只吸血虫，牢牢不动地叮住了清朝的政权，近五十年的沧海桑田，慈禧太后硬是死死地吸吮，终于吸干了人民的最后一点血汗。贫病无依的人民走投无路，只有揭竿而起，一场大革命浩浩荡荡，推翻了只剩下蜕壳的昔日巨蟒。

1866 年的尝试

林则徐出生于 1785 年，福建人，他是晚清政府倚重的著名大臣，曾经做过湖广总督、陕甘总督和云贵总督，重要的沿江、边境地区都有他镇守和操持的印记。林则徐主张打破闭关锁国的局限，主动地去了解西方的政治和社会，学习西方的先进技术来实现自我的强大和发展，最终利用这些技术来战胜西方。他主持编译了一套介绍西方社会的书，叫作《四洲志》，迈出了"师夷长技"的第一步。在鸦片相关的问题上，林则徐坚决地主张禁烟，无论付出多大的代价。1839年，作为钦差大臣的林则徐到达了广州，率先宣布了禁止鸦片贸易的条例，并且通过手下搜集的证据确定了贩卖鸦片的主要商人。

商人最重视的是利益，断了财路无异于断了生路，于是鸦片商人纷纷拖延，拒绝交出手中囤留的鸦片，他们将手中的鸦片视作自己的私有财产，坚决不肯交出，想看看这位朝廷信赖的钦差大臣究竟有什么样的手段。对于鸦片商人来说，这是他们的私有财产，而对于中国来说，这就是赤裸裸走私的毒品。拒绝交出赃物，毫无道理可言。于是这位强硬的钦差派人将这些窝藏的鸦片搜集出来，在虎门集中销毁。他认为，只有将鸦片全部销毁，涓滴不剩，才能够敲山震虎，一劳永逸地止住鸦片贸易的罪恶源头。虎门销烟整整持续了半个多月，这次销烟允许围观，是一次公开的禁烟行为，更像是一个仪式，表明清政府对于鸦片贸易坚决反对的态度。

看到鸦片被销毁，无异于看到自己手中的黄金化为乌有，英国的鸦片商人感到万分愤怒，他们向英国女王控诉："中国人真是可恶，传统贸易中我们的商品质量那么好，但是中国人毫无理由地不买，贩卖鸦片还遭到禁止，很大的市场只开了一个小小的口岸，明明可以直接贸易却非要找中间商来赚差价……"英国当时已经是资产阶级掌权的政治体制，资产阶级的要求是国家服务的中心，因此，打开中国市场这件事情引起了英国议会的高度重视。

中英两国针对这件事情进行了几次外交交涉，但是两方的思维意识始终不在一个层面上，一个硬是要卖出货物，一个就是不买。于是强卖的一方动起了邪念，不买的这一方就要挨打。经由英国议会决议，为了打开中国市场，使得资本利益最大化，英国发动了鸦片战争。这场战争持续了两年，英国的军舰从中国的华南打到华北，清政府的八旗、绿营兵不堪一击、节节败退，直到1842年鸦片战争才以中国的惨败宣告结束，中英之间签订了不平等的《南京条约》。

城下之盟从来没有探讨正义的机会，只有顺应胜利者强势的要求。《南京条约》规定：中国开放的口岸不可以局限在广州一隅，必须要增加厦门、福州、宁波、上海这四个东南部的沿海港口，作为新的贸易通商城市；中国向英国赔款两千一百万银元。其中六百万赔偿鸦片损失，三百万偿还英商债务，一千二百万赔偿英军军费；英国在远东需要一块地方来做自己的贸易大本营，供商人休息娱乐和囤积货物，于是要求将香港划给英国。这就是香港被迫从中国母亲的怀抱之中分离出去的由来，等到香港恢复自己的中华姓氏，那已经是一百多年以后的事情了。除此以外，英国商人没有忘记自己的长期战略，他们要求，在此后的中英贸易中，英方商品进入中国市场的关税必须由两方共同协商来确定。

在《南京条约》签订以后，中国的领土主权、关税主权都受到了很大的侵犯。从此，中国不再是一个独立自主的国家，半殖民半封建的社会性质开始出现。鸦片战争用侵略者野蛮无理的爪子给中国撕开了一个巨大的裂痕，自此，各国的资本蜂拥而至，最大程度地冲击了中国原有的经济形态。商品经济是一列永远向前的高速列车，"你耕田来我织布"的安宁再也回不来了。

近水楼台先得月，新的机会摆在眼前的时候，反应最快的，就是十三行那些曾经的行商。英国的怡和洋行就是这样的一个老牌资本主义商行，它由英国人渣甸（Jardine）和孖地臣（Matheson）联合创立于1832年的广州。怡和洋行对于香港，乃至近代的中国都有十分重大的影响。怡和洋行长期以来从事鸦片和茶叶贸易，从中国采买茶叶在英国销售，赚取利润以后再将鸦片销售到中国。从长远的视野来看，怡和洋行为中国的近代化做出了一些贡献：在铁路、工厂、银行、船务等方面都是中国民族企业的第一模范；对于香港的建设发展更是意义重大，甚至有"未有香港，先有怡和"的赞誉。但是，它早期的业务仍然是邪恶的鸦片贸易。正如马克思所说，资本的每个毛孔里都散发着血腥的味道。

从1840年开始的三十年中，怡和洋行像一条八爪鱼，把自己的触角伸入中国商业社会的角角落落；它又像一只贪婪的巨蟒，一面张开血盆大口，希望能够吞噬一切，同时也加紧了蜕皮和新生，希望以一个真诚、友善的面目来面对它的老主顾，让它的老主顾忘记它曾经从事鸦片贸易的事实。

1842 年上海开埠，这个城市获得了十足的发展。它有得天独厚的地理位置，一方面是长江的出海口，一方面是一个滩长水深的避风港。长江沿岸各省丰盈的物产汇聚到这里出口，世界各地的货物从这里走向长江沿岸的内地。上海是新丝绸之路上的敦煌，它日新月异地展现着资本和商业的浓墨重彩。1866 年，也就是同治五年，聚集在上海的西方商人苦于黄浦江的水太浅，大型的货船不能够通航，于是他们联合起来向清政府上疏，希望能够在上海和吴淞口之间修筑一条铁路，这条铁路就是后来的吴淞铁路。西方商人修筑铁路的想法被清政府一口回绝。清政府回绝的理由并不是反对外国资本过分深入中国的商业或者经济层面的原因，而完全是另一回事。清政府官员认认真真地探讨了修建吴淞铁路的事情，最后他们得出的结论是：万万不可。第一，如果打开了修建铁路的限制，日后铁路四通八达，火车在中国境内大肆通行，外国人的兵马顷刻间就可以从口岸运到京都，国家的颜面、皇帝的安全怎么保证得了；第二，修建铁路要占用大量的农田，同时更要侵占很多人的祖坟，中国人慎终追远，破坏了阴宅的风水，破坏了祖宗的宁静，势必要激起民愤，最终影响统治的稳定；第三，铁路修建起来以后，原本在这条线路上从事交通运输的这群人就要失业，失业人群是个威胁，他们要是联合起来反抗国家，这不就成了第二个太平天国了吗？洪秀全给人民、给政府带来的打击还不够吗？怎么能再来一次呢？

双方都各执一词，互不相让，最后无果而终。同治五年的这次铁路纷争就此结束了，但是它反映出，中国的近代化从思想意识到交通手段，仍然有很长的路要走。

先斩后奏是唯一的可能

西方商人因为上疏修筑铁路碰了一鼻子的灰，于是他们开始明白，要想通过正常的手段修筑一条铁路，是完全不可能的一件事情，因为清政府反对这种破坏祖制的行为。因此，在节约运输成本、扩大商业利润目的驱使之下，西方商人开始密谋先斩后奏地修建吴淞铁路，到时候迫使清政府承认这个既成的事实。于是他们让当时的美国驻上海副领事奥利维·布拉特向当时的上海道台沈秉成提出想要购买一块土地，谎称想要使用这块土地修一条寻常的马路。沈秉成不知有诈，就答应了他的请求，将黄浦江到吴淞口之间的土地划给外商使用。

沈秉成字仲复，归安人，归安就是今天的浙江省湖州市。咸丰六年（1856）沈秉成以进士的身份入仕，被授予庶吉士的称号，不久做了翰林院的编修。主要工作是编写起居注，皇帝的一言一行、会客决断等事务都要记录在案。过了一段时间，又从这个文职岗位上被外派做地方官，做了苏松太兵备道，也称为苏松太道，因为这个官职的驻地在上海，所以又被称为上海道，总之是一个负责上海地区行政事务的官职。咸丰年间的上海已经和道光朝的上海有了天壤之别，经历了《南京条约》，上海已经成为中国与世界交流的一个前沿阵地，此时的上海已经今非昔比，鱼龙混杂，很难治理。沈秉成到了上海以后，励精图治，精心维系各个方面的利益关系，史书上称赞他治理上海，使得"华夷晏然，民情翕服"，中国人和外国人能够和平相处，没有大的矛盾和纷争，同时百姓信赖和拥护他。因为治理上海井井有条，皇帝派遣他到河南和四川做廉使。

光绪甲申年，也就是公元 1884 年，这一年对于清朝的政治是一个很大的转折年。掌握外务部和军机处约二十年的恭亲王奕䜣被西太后排挤出权力的中枢。这件事情在历史上被称为"甲申易枢"，是奕䜣下台的开端，是一群八旗纨绔子弟掌管军机处的开始。在这件事情以后，清政府的行政权力更为集中，举国上下遑论大臣还是百姓，都要仰西太后一人的鼻息。这一年，沈秉成被调回中央，做了京兆尹，负责北京城大小的事务，略相当于今天的北京市市长。不久，沈秉成被提升为内阁大学士，为皇帝和西太后的顾问。沈秉成最后做到广西一省的巡抚，都督一个省份，堪称是封疆大吏。史书记载，沈秉成的官品很好，他不爱与人争执，只是做好本分的工作，恪尽职守、公正清廉，从不汲汲于富贵，与世无争，信奉道家"清静无为"的思想。在他的上疏中，从未见他弹劾过同僚，相反地，他给皇帝的上疏中，泰半都是请求减除某地的赋税，请求开仓赈济某地的灾民。对于皇帝的指示，他也从不投机取巧，永远认认真真地执行，在各界的口碑和名望非常高。

沈秉成被蒙在鼓里，并不知道这群西方商人的勾当。于是这些拿到了土地，先斩后奏的西方商人组建了一个公司，叫作"吴淞道路公司"，专门负责修建这条"寻常马路"。1874年，这条"寻常马路"开始修建，长约14.88公里，宽约13.7米。近十五公里的路，在高度现代化的今天，开车大概二十分钟就可以走完，但是在当时机械化生产刚刚萌发的时代里，这近十五公里的路要冲破种族、封建官僚、慎终追远的东方观念等限制，想要建设成功并不是一件轻松的事情。这短短的近十五公里的铁路断断续续地修建了两年的时间，1876年铁路终于建成，全程营运时间为三十分钟，这在当时是一个巨大的超越。

而超乎外商预料的事情是，他们本来期待的"先斩后奏"变成了恶性的"欺君罔上"。1876年，沈秉成已经从上海道的位置上调任，新任的上海道台名字叫作冯焌光，时年四十六岁。冯焌光是咸丰二年（1852）举人出身，随着曾国藩组织湘军，在对抗从1850年到1864年作乱的太平军时有很大的功劳，所以在战后被升任为海防同知。冯焌光相比沈秉成在觉悟上更先进一些，他能够看到西方的一些先进的工商技术和经验，留心机器设计和制造这些方面，是近代比较早能够"开眼看世界"的一批官员。

在任上海道台之前，冯焌光一直在洋务企业里工作，曾经做过江南制造总局的总办。江南制造总局是李鸿章主办的一个洋务企业，厂址就在上海，这个企业主要生产军工用品，产品并不流入市场，主要供洋务军队使用。它由官僚办理和控制，产品基本无商品性，生产不计成本，是封建时期官营手工业的一个扩大和延续。因此，早期的洋务军工企业没有兴盛多长时间，因为其内部的官僚风气过重，加上企业本身不能够自负盈亏，洋务军工企业这个模式很快被"官督商办"所替代。冯焌光留心教育，曾经捐款两万两白银创设求志书院，并且创办《新报》，期待能够传扬西方的先进理念，让国人早日了解西方和世界发生的变化，尽快和世界接轨。

然而，在封闭的大背景之下，一个人或者是几个人的努力并不能改变什么。吴淞铁路竣工以后，清政府震惊不已，当统治者知道此次铁路的修建全系外商的欺诈行径以后，更是义愤填膺。于是，清政府责成上海道台冯焌光与英国领事沟通，要求铁路立即停运。在长达两个月（1876 年二月二十二日—1876 年四月十八日）的交涉里，英方了解了清政府的意思，但是仍然阳奉阴违，表面上遵从清政府的旨意，实际上铁路仍然运营。这件事情先是惊动了当时的两江总督沈葆桢，不久以后又惊动了全权负责洋人事务的北洋大臣李鸿章。两方的争执焦点在于，修筑铁路的成本问题。商人之所以能够成为商人，他的社会角色让他不能容忍付出了成本而毫无回报。而清政府方面则认为铁路的修建全系欺诈，通过非法欺诈修筑的铁路，所有付出的费用都应当由外商来承担。最后，还是清政府放弃了自己的坚持，清政府方面同意承担铁路修建的费用，决定采取购买的形式，将这段吴淞铁路收归清政府。

时过境迁——拆毁与重建

谈判的过程是一场拉锯战，冯焌光不知道废了多少唇舌，终于在1876年的10月与外商敲定了合约，结束了这场纷争。清政府与英国签订了《收买吴淞铁路条款》十条，内容大体上遵从了清政府的意愿，即铁路由中方买断，所有地段铁路、车辆、车站等，均在此次交易中一体交割，日后再无纠葛。总售价为二十八万五千两白银。根据考证，清朝光绪年间的一两白银大概相当于今天的一百七十元人民币，那么二十八万五千两白银大致相当于今天的四千八百四十五万元人民币，这笔钱由上海道的关税来出。因为清政府当时处于困境之中，无力一次性支付巨额的资金去购买铁路，所以英国方面允许它分期付款，先付三分之一的首期，过半年再付三分之一，再过半年付清全款。在没有付清全款之前，吴淞铁路仍然由外商负责运营，但是它受到限制，只能够作为客运使用，不能作为货运使用。清政府付清全款以后，铁路的控制权完全由清政府掌握，外商再无任何运营权。

1877年，清政府偿还了最后一期的欠款，吴淞铁路完全地由清政府收回。铁路收回以后，如何去利用它成为了清朝官僚要去讨论的事情。当时最为重要的大臣李鸿章对于这条铁路持保护的意见，但是在封建统治之下，李鸿章并没有能够凭借一己之力撼动全国的力量。而洋务派的二号人物——南洋大臣沈葆桢，则在新旧政治力量的交涉之中选择中立和保守。蚍蜉撼树谈何易，新生的观念在旧有的事物之中产生和发展，并且受到旧有事物的局限。吴淞铁路就在这场争论之中被拆毁，社会的变革需要天翻地覆和流血牺牲，在这场轰轰烈烈的社会变革、新旧交替之中，吴淞铁路成了变革最早的牺牲品。但是，为变革做出的每一点牺牲都会成为社会前进的动力，吴淞铁路在上海被拆除，但是它的遗体——铁路的一条条钢轨成了洋务派学习和观摩西方技术最直接的样本。

在当时任福建巡抚和台湾学政的洋务官僚丁日昌和北洋大臣李鸿章的极力争取之下，吴淞铁路的钢轨被运往台湾。台湾孤悬海外，一直以来被认为山高皇帝远，正是试行洋务，而又不会危及中央统治最好的试验田，于是李鸿章、丁日昌两人决定在台湾进行铺设铁路的试验。

丁日昌是江南制造总局的第一任总办，同时，他也曾做过苏松太道，对上海的局势、洋人的处事风格都非常了解。丁日昌与李鸿章都出生于1823年，到1877年五十四岁。丁日昌是潮汕人，祖籍今天的广东省梅州市丰顺县。丁日昌的学历并不高，他不是举人，更不是进士，仅仅是一个秀才，然而乱世的英豪并不都是读书人。咸丰四年（1854），潮州三合会反清复明，对潮州府发起了攻击，丁日昌率领自己组织的团练奋勇杀敌，由此有了功绩，做了知县。丁日昌是个能吏，上至朝廷、下至百姓都非常认可他的工作，每当他调任要离开任所的时候，当地的百姓都会设宴款待他，有成千上万的百姓涌向街头去送别他们的父母官。1861年，丁日昌加入湘军，投奔到曾国藩的麾下。在湘军时，丁日昌发挥了自己的所长，他模仿西洋来的重型武器，亲自设计并且制造了很多门重型大炮和火器，一时间名声大噪，很受赞誉。1864年，丁日昌给李鸿章写信，信中首次着重提及清政府应当向西方学习先进的技术，被认为是阐述洋务思想的先驱。1865年成立的江南制造总局正是丁日昌的心血，江南制造总局是清政府设立的第一家近代军工企业，有着划时代的意义。1876年，丁日昌出任福建巡抚，在此任上主持修建了中国自营的第一条电报线。清政府从1840年起饱受内忧外患，但是却拖着残破的病体又坚持了半个多世纪的统治。这与曾国藩、李鸿章、沈葆桢、丁日昌这批了不起的中兴官僚的努力息息相关。在面临外敌的时候，中国人超越了民族的界限，最大程度地团结在一起，为奋发图强上下求索，尽了自己最大的努力。

令人唏嘘的是，台湾铁路的试验遭到了惨败。因当时的台湾山地崎岖、人口稀少，经济不发达，实在没有多余的钱用于建设铁路的试验。因此，这一段段废弃的铁轨在艰难的境遇里被无限期地搁置，在漫长的等待中，它耗尽了自己的最后一丝气力，终于朽烂殆尽。

1895年，对于清政府和全体国民来说，都是十分沮丧的一年。这一年，曾是万国来朝的泱泱大国败给了蕞尔小国日本，国家蒙受着奇耻大辱，清政府也面临着前所未有的统治危机。战败的负担由全体国民来承担，而清政府的腐朽统治是导致战场上失败的罪魁祸首。甲午战后，随着各种立宪和新式民权思想的涌入，他的臣民一天天地强壮起来，清政府不能再颐指气使地面对自己的臣民了。他开始被迫地，又带着一丝胆怯采纳了臣民的意见，他的臣民迫切地希求变革，要求清政府放弃过去的花架子，"力行实政"，改变过去顽固、封闭的理念。在这种压力之下，吴淞铁路的修建重新提上了议程。

1895年，在时任两江总督兼南洋通商大臣的张之洞的建议之下，吴淞铁路开始着手准备重修。1897年，由中国人自己组建的铁路总公司成立，吴淞铁路再次开工。沿着旧有的三分之一的路基，新的铁路开始修建。新铁路的每一轨跺着旧铁路的足迹向前延伸，不久，承载着客货两用的火车从这段笔直又波折的铁路上驶过。从黄浦江到吴淞口，近十五公里、半个小时的路程，中国人在探索之中往复周折地走了十年。

第二章

蹒跚的第一步——唐胥铁路

朱其昂的经历

唐胥铁路最初是为了洋务派企业——开平煤矿运输煤炭而专门铺设的，而提及开平煤矿，就不得不提及为洋务企业做出重大贡献的一批官僚和商人。在极度缺乏人才的年代里，闭关锁国产生的巨大影响使得中国很难与洋商进行沟通。因此，了解洋商商业运作模式，同时懂得外语，又与洋商接触比较频繁的这批商人，成了创建和运作洋务企业最稀缺的人才。这批商人可以说是中国历史上第一批完全从事股份制外贸商业的人，他们拥有丰富的经验和渊博的学识，成为时代的掌舵者。这其中，就有洋务企业轮船招商局的主要负责人朱其昂和他的继任者唐廷枢。

朱其昂，字云甫，是宝山（现上海市宝山区）人。宝山距离上海市区不远，十里洋场，有着与内地不同的风情和商机。上海开埠以后，频繁的南洋贸易急切地需要有人负责货物的往来运输。朱其昂的家族正是往来南洋与上海之间，经营沙船、负责运输的商人。沙船历史悠久，是我国古代的四大名船之一。这是一种船底平且宽的船只，因为底座比较稳，所以不畏惧风浪。明朝的时候，沙船基本上在上海到天津一带往来。到了清朝的时候，对船体进行了改良，因此沙船可以适应南洋的海事情况。历史上有"沙船往来，每岁数以千计"的记载。那些在沙船上工作的水手多半沾亲带故，不为亲人也是好友，有些甚至代代相传，他们驾驶沙船在海上航行的技术非常娴熟，能够保证货物平稳运送到目的地，其中信誉最好的又数朱其昂的沙船船队。历史记载，到了1840年，黄浦江和东海上的沙船鳞次栉比。有"舳舻相接，帆樯如林"的说法。特别是从鲁南、苏北地区到闽南、两广地区的货运，每天往返的船只多达上百艘。上海，就是在这些略显笨拙的帆控沙船贩运贸易依托之下逐渐形成的。

朱其昂拥有上海沙船贸易之中最多的市场份额，随着清政府的不断开放，他的生意也越做越大。他与传统的商人有很大的不同。中国传统有四民之分：最高贵的是读书人，被称为"士"；其次是农民，他们为国家保证了粮食的安全，而且勤勉本分；再次是手工业者，无论是官营手工业还是私营手工业，他们都老守匠籍，将自己的手艺世代传承下去；最后才是商人，他们总是能够迅速积累财富，有时候为了争夺利润违反孔孟之道，最令统治者不放心的就是这个阶层，因此历来统治者实行"重农抑商"的政策，将商人的地位压制在最底层。在这种强大的思想观念影响下，大多数的商人用商业贸易的办法积累了财富之后，往往想到的就是要改变自己的商人身份，用自己积累的财富去购买土地，做回一个农民，以免遭人歧视。正所谓"以末致富，以本守之"，但是这种资金回流土地的方式不利于资本的积累，土地投资影响了扩大再生产的进程，这是中国近代时期资本主义发展不顺利的一个重要原因。

朱其昂作为一个旧时代出身的商人，完全摒弃这种做法。他以实业发家致富，同时很快地将自己的资本投向了金融领域。让产品生钱，完全不及直接让钱去生钱来得容易和便捷。因此从咸丰十年（1860）开始，朱其昂与美国的商人合伙开设洋行，并且开设票号。票号从某种意义上说是今天银行的雏形，它由山西商人首创，主要进行兑汇业务。由于长途贩运贸易的兴盛，传统的镖局已经不能满足商人们远距离携带巨额钱财所必需的安全，因此全国范围内连锁的票号开始出现。起先，票号是由几个著名的大商业家族一起联合创建的。譬如说有商人从山西出发，将货物运往东北，并且在东北赚到了一大笔真金白银，那么为了避免回程上携带钱财的不便利，他可以选择将钱存在某个票号的关东分号里，这个票号要出示一个存款的凭证。等到商人从东北回到山西，就可以在山西当地的票号里出示凭证，领取现银。票号在这中间收取一定的费用，作为自己经营的利润。

商人多半倒买倒卖，有的商人倒卖粮食，有的商人倒卖食盐，但是这些都不如直接倒卖银钱来得方便。朱其昂的资本由此快速地翻了几倍。这时候，传统商人的诉求在他身上体现出来。单纯地有钱显然是不够的，还要有权力，传统商人认为，权力和钱财可以相互支撑着发展。朱其昂因此花钱捐了一个官来做，后来做了浙江候补同知及海运委员。

清末，经历了鸦片战争以及太平天国运动等一系列战争的清政府，国家财政格外困难，为了缓解财政危机，统治者想出来一个直接的办法，那就是卖官鬻爵。这个办法虽然快速地解决了政府缺钱的问题，但是没多久，就产生了它的弊端，那就是卖出去的官位和实际空缺的官位数量不符合。卖出去的官位数量多，而空缺的官位数量少。于是政府巧立名目，管那些花了钱，但是暂时没有官当的人称为候补官。花钱买了个道台，没有空缺，就叫他某道的候补道；花钱买了知府，没有空缺，就叫他某府的候补知府。朱其昂将花钱买官看作一种投资，花钱买一个能够利用财富结交清政府大员的机会。商业巨子的眼光是独到的，他的付出很快就得到了回报。

同治十一年（1873），李鸿章想要策划成立轮船招商局，从事客运和漕运等运输业务，并且李鸿章把首选目标放在了长江沿线。这个任务非常艰巨，因为在当时，长江的客运和货运被外国商人占据，几乎垄断。垄断企业之所以为各个国家所遏制，主要原因在于，一旦某个行业形成垄断，那么价格、成本、产品的质量将全部由它控制，影响非常大。在这种情形下，朱其昂"明知山有虎，偏向虎山行"，他向李鸿章表示，愿意以身家担保，负责轮船招商局的融资。

同年，朱其昂走马上任，他负责制定了轮船招商局的各项章程和规则，在官督商办的体制之下，向社会公开集资。轮船招商局的日常行政管理、商业模式、船只数量、股份制度、购买商业保险和前期的每一笔业务，都是经朱其昂之手确立下来的。朱其昂在金融领域颇有经验，但是发行股本向社会集资，这是中国历史上从来没有遇到过的事情。第一次融资让朱其昂有些不知所措。现代企业中，管理部门和财务部门往往独立划分，而当时的中国，商业模式并不完善，朱其昂既要对外负责招商工作，又要对内负责管理工作，行业新、架子大，一时之间也没有合适的帮手，因此，轮船招商局在创办前期经历了巨大的困难。

朱其昂苦苦支撑了一年，到了第二年，李鸿章终于找到了合适的人来帮助朱其昂，这个人就是唐廷枢，朱其昂也全身心地投入到了企业的招商融资上。

唐氏兄弟的才华

唐廷枢初名唐杰，出生于 1832 年，比李鸿章小九岁。他生在开风气之先的两广地区。在漫长的闭关锁国的年代里，广州的十三行是清政府上下唯一一个能够有机会和外界接触的地方，因此广州在相当长的一段时间里都是吸收西方思想和文化最便捷和最饱满的地方。近水楼台先得月，两广地区的人因为长期受熏陶，很大一部分人做了承接中外贸易的业务，成了中间商。而随着中外贸易的升级，中间商要负责的生意越来越多，市场也越来越大。他们以个人或者家族经商的形式积累了相当大的一笔财富，逐渐成为了一个新的阶级——买办阶级。唐廷枢的家族祖居之地毗邻澳门，祖上四代都与外商接触频繁，到了他和他的哥哥唐廷植这一代，也自然而然地接替了家族的事业，成为了买办。

1842年，唐廷枢十岁，《南京条约》签订，毗邻家乡的香港被划归英国。唐廷植、唐廷枢在香港的教会学堂接受英文教育。这样的教育背景使他们都掌握了一口好英语，与外商沟通越发顺利，事业也越做越大。二十多年以后，人近中年的兄弟两人甚至合写了一本买办专业英语教程《英语集全》，来为那些涉入买办行业不久的年轻人指路。

兄弟两人不仅情谊深厚，更是商场上的可靠战友。从1861年起，唐廷植任上海海关的首席翻译。当时，上海已经开埠近二十年，街巷风情和人民的生活习惯等方方面面都开始受到西方的影响，发生了很大的变化。上海海关作为当时中国最重要的进出口行政中枢，其任务繁重、复杂可想而知。唐廷植在这个职位上受到了很大的历练，为他日后的经商积累了重要的经验。当时任海关总税务司的英国人赫德非常器重唐廷植，让他参与很多大宗的并购和融资活动。唐廷植中英文俱佳，商业思维也非常清晰，一时之间在上海海关的地位很高，前途非常光明。

可是好景不长，1864 年，唐廷植因为在任上收受贿赂被锐意改革的上海道台丁日昌逮捕收监，涉案金额为五百两。与唐廷植、唐廷枢兄弟在同一时代的曾国藩十八个月的俸禄大致为五百两银子，可见五百两完全不是一个小数目。按照清朝的法律，唐廷植此次贪污的数额大，应当斩首。人到了丁日昌的手中更是毫无获救的可能。丁日昌是潮汕人，为人朴实清廉，严厉明察，是中国近代洋务运动中的著名官员。丁日昌本来是曾国藩的幕僚，后来受到李鸿章的青睐，李鸿章奏明皇帝，特地将丁日昌调往上海，方便负责洋务运动在上海的企业。丁日昌一到任便大力推行改革，严惩贪污腐败的风气。晚清时期，地方官员和身居要职的中央官员贪污，根本不是一件稀罕的事。赫德本人，作为海关总税务司，在中国几十年的时间里，也积攒了五百万两的白银，以分赠亲友的方式中饱私囊。唐廷植与赫德贪污的区别在于，赫德的贪污时间战线拉得很长，并且他是海关实际意义上的一把手，可谓手眼通天。而唐廷植则显得不是那么智慧，他要诈上欺下，为了瞒住贪污的事实要打点的人非常多，这就使得他成了丁日昌抓贪污的典型，一下子撞在了枪口上。赫德对他的贪污既气愤又无奈，气愤的是，唐廷植本来就受到重用，薪资待遇好过同事许多，在这种情况之下，他的单笔赃款居然达到五百两之多；而无奈的是，他始终器重唐廷植的才华，唐廷植犯下过失，他不忍心弃之不顾。他与唐廷枢为了唐廷植的事情多方奔走。封建王朝的地方监狱非常黑暗，很多犯人往往活不到问斩的日期就在监狱里被折磨致死。狱卒欺压犯人，想从犯人身上榨取钱财，于是就拼命殴打犯人，经常打得犯人大声疾呼、血肉横飞。在这种情形下，唐廷植能挨到获救出狱的日子，想必是唐家上上下下打点的缘故。

唐廷植的获释，乃当时人才奇缺所赐。负责主持洋务活动的丁日昌当时面临着一个重大的商业并购案。有一家铁厂，叫作旗记铁厂，当时属于美国的一个商人。旗记铁厂当时的技术是很先进的，它可以制造各种型号的铁船、子弹和枪支，是当时整个上海规模最大的铁厂。旗记铁厂当时准备出售，而洋务运动的理念是学习西方的先进技术来强大和繁荣自己，正所谓"师夷长技以自强"，收购旗记铁厂是学习和吸收西方企业的技术经验和品牌信誉的关键动作，可是具体去谈判的人手不足，一筹莫展之际，丁日昌想到了关在狱中的唐廷植。

1865 年 6 月，唐廷植以低于要价五分之三的价格将这一大型收购案谈妥，不仅仅为自己摆脱了牢狱之灾，更为近代化的中国做出了重大贡献。旗记铁厂并没有作为一个平凡的铁厂存在，它是后来著名的江南制造总局的前身。近代化是由中兴的几位名臣策划筹谋的，而具体实施起来，则需要处在一线的双语金融人才，唐廷植就是其中的一个。1873 年，唐廷植接任自己的弟弟做了怡和洋行的总买办，1884 年任轮船招商局的董事。总体上来看，唐廷植为中国近代化的企业走向正轨、实现盈利，做出了不可小觑的贡献。

而相比哥哥，弟弟唐廷枢则谨慎、稳重了许多。从1851年起，唐廷枢一直接触外商，从事翻译和投资的工作。他不仅做中外贸易的中间商，为外商和中国商人担任沟通的翻译，同时也将自己的资金挂靠在外商的公司，享受优厚的分红。这种初步的自我理财使唐廷枢最早地了解到股份制公司的运营模式。在他事业的鼎盛时期，唐廷枢一人的股金甚至占到洋行全部资本的四分之一，是外商企业中举足轻重的中国大股东，且有资格以股东的身份在一定程度上行使决策的权利。随着年龄的增长和地位的提高，唐廷枢已经做到可对外商施加自己的影响。外商因为他经验丰富、了解中国的民风国情，也非常崇敬和依仗他，他已然成了外商能够获得华裔商人信任的金字招牌。

1873年，唐廷枢四十一岁，在怡和洋行做总买办，这一年是他人生之中重要转折的一年，也面临一个重大的机遇。在这之前，唐廷枢都是以职业买办的身份出现，接触的人也以外商、华商为主。而这一年，他被正求贤若渴的伯乐李鸿章发现，由此，他的交际范围扩展到了官僚的圈子。洋务运动进行到了十九世纪七十年代，已经逐渐从洋务军工业走向洋务民用业。洋务企业开始将自己的产品投放市场，而不是简单地局限于军用。洋务企业开始从投放市场获得利益的角度出发，逐渐向近现代完善的大型企业转型。这个转型意义重大，中国的民族资本主义在其中酝酿而生，随之而来的是，一天比一天强大的民族资产阶级有了发声的机会，他们一心想着改良或者推翻清政府的统治，他们也是最早的一批以振兴国家、保留种族为己任去发展实业的民族资产阶级、民族资本家。

在转型的路上，轮船招商局的改组是最先出现的问题，这个艰巨的任务落在了唐廷枢的头上。

唐廷枢一改之前眉毛胡子一把抓的作风，他凭借在怡和洋行长期的工作经验，很快将公司内部财务和融资关系做了理顺，对内整顿财务、明确分工；对外融资定利、招揽投资。轮船招商局一切按照洋行的建制进行，在其章程之中明确"轮船之有商局，犹外国之有公司也"，表明二者除了名称不同以外，其内涵意义、作用，是完全一致的。在对外融资的过程中，轮船招商局将所需资本分为等份向社会集资，第一次实现了所有权与经营权的分离。股东凭借所有权向轮船招商局索取红利，而具体的运营则由轮船招商局来负责。轮船招商局是一个划时代的企业，其筹资方式在近代中国是崭新的。凡是购买轮船招商局股份的股东均可以获得纸质的股票，股票可以在社会上自由流通转让，但不可以要求轮船招商局重新进行赎买，也不可以任何理由和形式退还。同时，股东按期凭票计息，分文不差。

轮船招商局是相对成功的，它在当时的很多重要领域都有投资。譬如在传统的交通运输方面，轮船招商局创建了轮船公司，负责经营长江沿线的运输。因为取得了政府的贷款，同时有政府的大宗订单，生意在一段时间里很兴旺，甚至超越了一直雄踞长江运输的英国太古洋行。在矿产方面，轮船招商局投资创办了开平煤矿，后来改称为开平矿务局，建立于河北唐山，是唐山作为工业基地之开始。在新兴的行业之中，轮船招商局投资创办电报局；在金融领域里，轮船招商局创办银行、保险公司、保税仓，今天的招商银行就是由轮船招商局奠定起来的。轮船招商局不仅仅承担企业盈利的基本职责，同时还承担振兴地方教育、培养科技人才的社会责任。为了助力高等教育，轮船招商局投资创立学校。著名的上海交通大学，就是百余年前，在轮船招商局的投资之下创办起来的，当时叫作南洋公学。

轮船招商局在相当大的程度上证明了唐廷枢作为职业经理人的才华与能力。1876 年，这位重要的奠基人离开了自己奋斗的岗位，来到北方专门负责开平矿务局（即开平煤矿）的筹办与运营。从无到有、从南到北、前赴后继，唐氏兄弟为中国的近代化夯实了基础，为清政府的统治延长了寿数。

开平矿务局

　　"穷则思变"，这是一句古老的谚语，它来自于中国历史悠久的一部哲学经典《易经》。这句话告诫人们，一条路走不通的时候，不应辗转忧愁，而应当另辟蹊径，去寻求新的契机。"山重水复疑无路，柳暗花明又一村。"说的也是同样的道理。因此在内忧外患的十九世纪中叶，一些以官僚为主的知识分子遵循着祖训，开始在内外交困之中思索，试图寻求一条新的出路。在布满荆棘的漫长求索路上，"师夷长技以自强""师夷长技以求富"成了民族思变的方向。从十九世纪六十年代开始，中国的一批有识之士，主要是以"同治中兴"的几位著名大臣为代表的洋务派，他们联合起来决定创办近代军事、民用工业，同时涉足金融和教育领域，争取由表及里、由外到内，通过走学习、模仿的道路，来创建自主承办、自主设计、自负盈亏的近代中国企业。这不仅仅解决外国产品垄断、中国白银外流的问题，同时也解决核心技术稀缺的问题，将一部分劳动力从拥挤的耕地上解放出来，投入到工业生产的领域之中，缓解社会矛盾和统治压力。开平矿务局由此创立，它由轮船招商局投资，规模大、资源多，在创办的前期和中期发展非常迅速。

开平矿务局，因为其公司地点在开平镇而得名。开平镇位于今天的河北省唐山市，至今仍然是中国的重工业基地。开平镇是一个富裕的煤产地，明清以来，开平镇一直以矿业立身，并且凭借它丰厚的资源博得了洋务派官僚的注意。1876年，开平煤矿作为一个重要的商机进入到北洋大臣李鸿章的视野里。当时洋务派掌握中的军工企业迫切地需要煤炭作为原料，建设中国人自主自办的煤炭工厂可以形成一条独立的产业链，这对于在近代化的进程中举步维艰的清政府和国民都有重要的意义。因此，开平矿务局的建设势在必行。

1876年，李鸿章命令当时任轮船招商局总办的唐廷枢到今唐山市开平镇一带去做矿产调研。唐廷枢到达以后经过考察，得出开平镇一带蕴含浅层、优质的大量煤炭的结论，认为如果每年开采煤炭十五万吨，开平煤矿至少可以获利七万五千两白银，成本低、收效大，非常值得投入。于是，注资创建开平矿务局的事情进入了轮船招商局的视野之中。1876年开平矿务局开始筹办，由唐廷枢具体负责。1877年夏天，唐廷枢带领手下制定出《直隶开平矿务局章程》，像当年为轮船招商局融资招商一样，再次为开平矿务局招商引资。经过一年的宣传和经营，开平矿务局于1878年正式成立，随即开始生产。从十九世纪八十年代投产一直到二十世纪初期煤矿被美国人骗取，开平煤矿的煤产量逐年递增。这是一个一度有着三千名员工的大厂，1881年即产出优质煤三千六百一十三吨，仅仅隔了一年，煤矿的采矿率就提高了一倍，到了1883年，开平煤矿的煤产量已经达到了七万五千吨。开平煤矿和所有的洋务企业一样，在政策上享有最优厚的待遇，经常可以得到来自政府的贷款、税收减免等扶植和照顾，同时，来自政府的大宗订单更加保证了开平煤矿的产品销路。因此，开平煤矿的发展是呈指数递增的，投产不到二十年的时间里，到了光绪二十四年，也就是戊戌变法、义和团运动四起的公元1898年，开平煤矿的产量已经超过七十万吨。企业的收益不断扩大，招来的投资也不断增多，企业设备的更新换代频繁，员工的待遇和福利相对其他企业优厚，同时奖励技术进步和发明创造。到了十九世纪末期，它已经是洋务企业中成效最为显著者之一。它的资产雄厚，是近代洋务企业的典范。

于是到了十九世纪的第九个十年，开平煤矿的业务已经发展到了近及天津、中到烟台、远达上海的程度。长途贩运使得煤炭所需要的交通成本大大地提高，企业开始逐渐从依赖产量转变为以市场为核心。初创时期担心的生产不够，至此，已全然没有。1879年，唐廷枢请示李鸿章，希望能够实现海陆联运，将开平煤矿生产出来的优质煤炭经由铁路运到港口，然后再转水路，远销至南方，甚至走出国门。李鸿章因此奏请朝廷，希望朝廷能批准建一条史无前例的商用铁路。不出所料的是，这条商用铁路遭到了当时在朝的顽固派的大肆批判和反对。李、唐二人锲而不舍，反复为开平煤矿请命，最后终于从朝廷获准修建，这才有了真正意义上的中国近代第一条铁路——唐胥铁路。就在中日甲午海战爆发的1894年，开平煤矿继续发展业务，在塘沽、天津、上海等地建立了专用的码头和物流中转站，当时称为堆栈。

开平煤矿的鼎盛时期是辉煌灿烂的，然而它的结局是典型的封建企业的结局，不是被西方人掠夺，就是被顽固派压制。1892年十月，一生为近代化企业谋划的唐廷枢病逝，由当时的江苏候补道张翼来继任开平煤矿的总办。晚清时期的官僚体系冗余臃肿、尾大不掉，其中的一个很大原因就是捐纳而成的候补官僚数量过多。另外，这批官僚之中相当大一批人没有太多的文化素养和施政能力，这批官僚严重地稀释了行政体系的效率。张翼就是这样的一个官僚，他接手开平煤矿以后，经营不善，导致矿务局入不敷出，遭到了虎视眈眈的英国商团的资本渗透。

1900年，这一年是旧历的庚子年。两年前开始的义和团运动到了这个时候已经闹出了很大的祸端，成为清政府迫在眉睫需要处理的事情。义和团的团员们对一切有"洋"元素的事物进行损毁，他们捣毁教堂、杀死神父、冲入使馆杀死领事，引起了北京及北京周边地区很大的混乱。八个在中国领土上受到义和团骚扰的国家以惩办义和团为由联合起来，对中国发动了战争，这就是历史上赫赫有名的八国联军侵华战争。张翼看到京津冀一带不太平，为了自保，他躲进了天津的英租界。名臣范仲淹曾经留下绝句"先天下之忧而忧，后天下之乐而乐"，张翼的所作所为恰好为这句话提供了一个绝佳的反例。外国人觊觎开平矿务局已经很久了，听说矿务局的总办张翼躲在英租界里，英国人立即采取了手段。他们搜罗证据，以张翼给义和团团众送信为由，认为他勾结乱贼、里应外合，内污清廷、外损八国，于是将他软禁了起来。张翼更是害怕，立即联系能够解救他的天津海关税务司。天津海关税务司由德特林担任，德特林是德国人，德国是义和团运动之中受到损害最严重的国家，德国的公使被义和团团众打死，因此德特林对镇压义和团运动非常上心。他面对张翼这种罪名更是痛恨，于是选择趁火打劫，以开平矿务局做要挟，告诉张翼，只有任命自己做矿务局的总代理，才能放他一条生路。张翼在自己的性命与国家财产和人民利益之间权衡了一下，认为自己的身家性命比较重要，于是便答应了德特林的要求。参与欺骗、掠夺开平矿务局事务的还有一个著名的美国人，他就是埃德加·胡佛，当时他谎报了年龄，以一个地质矿产勘探专家的身份被派遣到中国，后来成了第三十一任美国总统。张翼获得自由以后，当时代表英国商团的专家胡佛与张翼签订了协议，将开平矿务局改名为开平矿务有限公司，为中英合办，实际上已经在英国的实际控制之下，一直到抗日战争胜利才由中国收回。

唐胥铁路

1879 年，为了实现水陆联运，给开平煤矿创造更好的销路，当时任开平矿务局总办的唐廷枢，建议负责北洋事务的直隶总督李鸿章下令修筑一条专门运输开平煤矿矿产的铁路，从唐山到北塘，以解决陆路交通运输的难题。李鸿章由此上疏朝廷，要求修建一条具有真正意义的铁路，为开平煤矿服务。不出所料的是，修建铁路的想法遭到了一众顽固派大臣的反对。他们的反对理由与当年反对吴淞铁路时提出的理由一致，仍然是破坏风水、破坏当地民生、破坏就业等。从这个角度可以看出，时间虽然不断地向前，科学技术也在不断地发展，但是清政府的旧官僚丝毫没有跟上时代。旧制度和旧思想禁锢着他们，也蒙蔽着他们。愚昧不是跟不上潮流，而是固守自己的观念，并奉之为圭臬。

封闭的观念还需要时间和契机去打破，而运输的任务却迫在眉睫。科学技术和商业随着国门被打开，就像是开了闸口的洪水，一泻千里，发展速度之快，不能为任何事物所阻隔。清政府就是在这一批旧式官僚的愚昧思想影响之下，妄图将已经打开的闸口用旧有的沙包堵住，结果只能是任由洪水冲破修建了千年的大堤。

1880 年，负责开平煤矿的官员们无奈之下决定开凿一条运河来代替修建不成的铁路。奇怪的是，在平地上铺两条钢轨被认为是破坏风水，而开凿一条注水的沟渠却被认为无关紧要。运河进展到接近胥各庄的时候，出现了很大的工程困难。胥各庄地势太高，运河的河流受一贯的水往低处流的自然力的驱使，无法流到胥各庄地区。无奈之下，李鸿章再次上书朝廷，这一次他退而求其次，只希望将铁路修建在唐山和胥各庄这个区间，在胥各庄与运河连上。与此同时，因为火车带来的隆隆的声响会被认为破坏风水，李鸿章在上书中承诺说，新修建的铁路所用的驱动力不是机械，而是畜力，实际上不是铁路，只是有轨道的马路而已。新事物的产生总是曲折的，中国的洋务运动始终无法像日本的"和魂洋才"一样顺利，其中最主要的原因就是中国面临的封建旧势力阻碍太严重了。这种阻碍是从上至下的，甚至洋务派的大臣张之洞本身也认为应当以中国的旧思想为体，以西方的新技术为用。这与"和魂洋才"中从上至下的在发型、服饰之上都去改变有着很大的不同。

1881 年六月，唐胥铁路开始建设，这是清政府在洋务派大臣的坚持下，由开平矿务局负责筹资铺设的第一条铁路，也是中国历史上第一条 1.435 米宽的标准轨铁路。李鸿章命令将铁路铺成世界上百分之六十的国家都采用的标准轨道，这位英明睿智的大臣从未放弃心中的希望，他已经知道铺设铁路势在必行，前人未能栽树，但至少要给后人留下栽树的沃土，这条有轨马路，总有能够变为真正的铁路的一天。

唐胥铁路修成不久，在强大的技术发展和资本涌入下，顽固派不得不妥协，中国很快真正地开始了由机械作为动力的铁路时代。时至今日，唐胥铁路已经并入京山铁路，成为它的一部分。一百三十多年来，无数的客货列车从这条铁路上驶过。发展的开端总是艰难的，但总有人会顶着风寒，用身躯为后来的人踏出一条路，李鸿章是这样的人，谭嗣同是这样的人，黄兴、孙中山也都是振兴民族的先驱。时光如同列车，隆隆而过，如今中国的铁路网基本实现了全覆盖，中国的实业、矿业在世界上首屈一指。屈辱的时代早已过去，已经作古多时的朱其昂、唐廷植、唐廷枢、李鸿章诸公，他们的拳拳之心终于得到了慰藉。

第三章

修修停停十七年——卢汉铁路

第一个兴办铁路的正式诏书

李鸿章是中国铁路的功臣。为了修建属于中国人自己的铁路，李鸿章可谓是费尽了心思。1872年，李鸿章就上奏朝廷修建铁路，被朝廷驳回了，被驳回的理由众说纷纭。朝廷中有人觉得面子上过不去：外国人可以使用铁路，因为那是外国人发明的，我们大清朝用外国人发明的东西，就太没有面子了；有人觉得会破坏风水：风水很重要，铁轨一震，如果将祖宗震到了，将山神和地神都给惊动了，岂不是得罪了祖宗和神，就不会保佑我们大清的江山了；有人觉得男女同处车厢中，授受不亲：火车车厢很大，火车的运行时间长，男男女女相互都不认识就在一个车厢里面共处几天几夜，岂不是伤风败德？无论是什么理由，结论只有一个：想建铁路？不可能！

1883年十二月至1885年四月爆发了中法战争，前期战争清军屡战屡败，其中一个重要原因就是不能及时供应军用物资。为了改变当时落后的交通运输状况，李鸿章将修建铁路的提议上奏朝廷，表达兴修铁路的重要性，请慈禧太后支持。此前，李鸿章还与光绪皇帝商量，得到了光绪皇帝的支持。当时北京城内的中海、南海、北海都在扩建，光绪皇帝在扩建的过程中修建了西苑铁路，从中海的瀛秀园到北海的镜清斋，长度为一点五公里，1886 年动工，1888 年竣工，修建了两年。

在西苑铁路修建好之后，李鸿章为庆祝慈禧太后生日送给她一列小火车。小火车是李鸿章从法国专门定制的，非常精美，车厢共六节，可以容纳二十八人。车头是水箱，呈扁圆形，一个西洋式的大铃铛挂在上面，设计奇特，且具有视觉美感，不失华丽，为的就是让慈禧太后看到小火车就心动。只要慈禧太后高兴了，事就好办了。

1888 年，就在慈禧太后要过生日的时候，她来到北海皇家御园观赏扩建后的美景。这时，一名太监兴致勃勃地跑到慈禧太后面前，对她禀报，李鸿章给她送来了生日礼物，是专门为她定制的小火车。

慈禧太后走到小火车近前，由太监搀扶着上了小火车，只见火车上的装饰极具皇家风范，气派而华丽，包括座椅和各种用具都独具匠心，令人赏心悦目。车厢的窗帷装饰颜色有所不同。慈禧和光绪皇帝所乘坐的车厢，窗帷装饰是黄颜色的；宗室外戚乘坐的车厢，窗帷装饰是红颜色的；大臣们乘坐的车厢，窗帷装饰是蓝颜色的。

就这样，皇家的御用铁路线——西苑铁路开通了。慈禧太后在紫光阁与镜清斋之间往返的时候，就乘坐这列小火车。

慈禧太后非常喜欢乘坐小火车，几乎每天都坐。但是，慈禧太后对小火车也有不满意之处，就是小火车开动的时候，机车就会震动，而且还会鸣笛，她心里想：如果小火车跑来跑去的将皇家的风水破坏了怎么办呢？于是，慈禧太后就想出了一个办法，既让小火车正常行驶，也可以避免小火车发出声音。于是，几十个人拽着红绸拉动小火车前行的情景就出现了。小火车的行走速度慢下来了，慈禧太后心中的疑虑也消除了。

李鸿章的策略奏效了，他的礼物让慈禧太后与小火车结下了"不解之缘"。

慈禧太后对西洋的东西从心理上是不接受的，认为这些都是"奇技淫巧"，可是，她却愿意享受这一切。除了坐火车之外，慈禧太后也喜欢照相。慈禧太后对西洋东西的态度，李鸿章都是知道的，可是李鸿章却执意引导慈禧太后接受自己的想法，这样做的目的就是让慈禧太后支持修建属于清朝自己的铁路。

1840 年的鸦片战争中，中国的大门被打开了，由于交通不便，西方列强开始在中国的境内擅自修建铁路。1876 年在上海建成的吴淞铁路就是美国人与英国人合作修建的。清政府为了维护自身的尊严，用二十八万五千两白银购买了过来，之后拆掉。

李鸿章审时度势，认识到中国要发展，修建铁路是不可阻挡的趋势。李鸿章上奏朝廷，说明中国修建铁路的必要性，在《筹议海防折》的奏折中也详细阐明了修建铁路的原因，希望慈禧太后对修建铁路予以支持。但慈禧太后表示并不反对，也不予以支持，以沉默的方式拖延。对慈禧太后的反应，李鸿章无可奈何。

李鸿章思忖了很久，要让慈禧太后支持修建铁路，就要投其所好，让她老人家高兴。巧的是，光绪帝正在为慈禧太后扩建"三海"，李鸿章在光绪帝的支持下，借由为慈禧太后庆祝生日，就做出了上面的计划。

李鸿章为了得到慈禧太后的批准，将已经计划好的兴修铁路的大工程一再缩减，最后成为了小工程。只要铁路能动工，就意味着成功，李鸿章想尽了各种办法。终于，清政府颁布了第一个兴办铁路的正式诏书。兴建的铁路在河北唐山的煤矿上，长十余里，称为"唐胥铁路"。

这个诏书得之不易，与其说是支持铁路修建，莫不如说是清朝政府的治国理念发生了改变。

重建铁路雄心

李鸿章为了修建铁路，命开平矿务局筹资修建唐山到胥各庄的铁路。1881 年六月开工兴建，十一月完工，唐胥铁路建成通车，这是中国的第一条标准铁路，被称为"马车铁路"。随着中法战争的爆发，出于军用物资运输的需要，朝廷不得不允许使用蒸汽机车。

1886 年，唐胥铁路开始延伸。到 1887 年，唐胥铁路延伸到芦台，到 1888 年，唐胥铁路延伸到天津。唐胥铁路作为中国的第一条铁路干线在慢慢延伸。李鸿章将唐胥铁路修建到天津，并要继续向北京通州延伸，这样就在唐山、天津、北京之间建成了铁路网，将三个地区贯通。这个举动将反对派激怒了，他们向朝廷上书，提出将铁路修建到北京就是为列强提供了便利。即便光绪皇帝支持李鸿章，面对强大的反对势力，也只能将铁路建设的事情搁浅了。

唐山到天津的铁路（唐津铁路）运营获得了一定的利润，去掉修路、养路的费用之后还会有剩余。按照计划，将这笔剩余的钱用于修建天津到通州的铁路（津通铁路）。通车后，所获得的利润可以将修路借来的外债还上，剩余部分可以用作海军衙门的经费。这个想法是通过修建铁路增强国防能力。此时，朝廷中强大的反对势力形成了，他们甚至以紫禁城贞度门失火这起突发事件为由，说这是上天的不满，而且传言修铁路已经导致暴乱。于是，津通铁路的修建被阻挠。即便李鸿章再三努力，也没有成功。

就在这个时候，南洋大臣张之洞经过再三考虑上奏请求朝廷修建铁路。张之洞的理由与李鸿章有所不同。李鸿章修铁路的理由是增强国防建设，张之洞则是富国利民，从军事转向了民生。张之洞建议暂缓修建津通铁路，而转修卢汉铁路。修建铁路与国防御寇不存在关联性，铁路的军事功能淡化了，反对派的各种理由就不成立了。修建铁路可以带来经济利益，解决当时的朝廷资金短缺的问题，恰逢其时。

卢汉铁路是以今京南丰台区的卢沟桥为起点，终点是武汉的汉口。

张之洞面对强大的反对派，选择了"绕道而行"，将反对派所提的理由规避了，提出了新的铁路修建路线，朝廷很快就批准了张之洞的卢汉铁路修建计划。

张之洞主张修建卢汉铁路虽然很顺利地被批准了，但是，在修建铁路的过程中也是费了很多的周折。

李鸿章从解决东北危机出发，为了让朝廷能够快速调集兵力，提出修建关内外铁路，即从唐山开始，经过山海关、锦州，一直延伸到沈阳。清政府认为，与卢汉铁路相比，关内外铁路更为重要，于是，张之洞提出的卢汉铁路计划暂停了。关内外铁路修到辽宁绥中县的时候，由于慈禧太后大寿需要大量的资金，终因资金不足而暂停。

1894年，甲午战争爆发，铁路的修建彻底停工了。李鸿章的计划破灭了，朝廷免去了他的官职，他闲在家里。李鸿章的手下有一个干将，名字叫盛宣怀，看到李鸿章失势，就投靠了张之洞。此时的张之洞人气旺盛，又迎来了修建铁路的大好机会。

甲午战争中，清政府战败，让朝廷大受刺激。此时，清政府开始意识到，如果不自救，就真的要亡国了。于是，就提出"国事艰难，尤应上下一心，图自强而弥祸患"。意思是，国家正处于艰难的时期，就应该上下齐心协力，让自己强大起来，消灭各种祸患。此时反对修建铁路的势力显然被削弱了。湖广总督裕禄依然坚持自己反对修建铁路的意见，朝廷盛怒之下将其降职发配到东北任盛京将军，新的湖广总督就是张之洞。于是，卢汉铁路提上日程。但是朝廷对卢汉铁路设置了一个底线：铁路的修建不允许向洋人借款，必须是官督商办。

1896年的夏天，卢汉铁路被批准开工了，但是，由谁承办铁路也是需要考虑的问题。当时很多人都持有救国图存的想法，希望承办铁路的人很多。在众多的报名者中，在籍道员许应镗、《老残游记》的作者候补知府刘鹗、商人方培垚、监生吕庆麟引起了朝廷的注意。他们都说自己有钱，而且具备筹款的能力。朝廷要修路必须得有钱呀，一听说有钱，就批准了。但是，张之洞对这件事情持谨慎的态度，他决定对这四个人进行审核，看看是不是符合承办资格。

张之洞就和直隶总督王文韶对四个人进行了盘查并多方验证。《老残游记》的作者刘鹗是江苏人，曾经参与过黄河治理工程，是候补知府，虽然有一定的人际交往能力，但他的背后是履祥洋行，是否能够筹得修建铁路的巨款是很值得怀疑的；商人方培垚背后是英商韦利森，他虽然承诺可以筹得三百万两白银，可是不符合朝廷的要求；监生吕庆麟是山东人，在北京开了个潍坊饭馆，背后同样是英商韦利森，不符合朝廷的要求。这三个人的修建铁路资格都被张之洞取消了。在籍道员许应锵成为唯一的人选，但是经过多方考察发现，许应锵与李鸿章的兄长李翰章关系非常好，张之洞很忌讳，将许应锵的修建铁路资格也取消了。盛宣怀原来在李鸿章门下，现在成为张之洞的新门生，于是，张之洞就让盛宣怀承办卢汉铁路的修建工作了。

事实上，在修建关内外铁路时，虽然卢汉铁路修建计划被搁置了，但是，张之洞依然在为修建铁路做准备。张之洞认为，要修建自己的铁路，就要自己生产钢轨，不能从国外进口。于是他决定自给自足，自己开铁矿、创办铁厂，准备修建铁路所需要的各种设备，生产修建铁路所需要的钢轨。

张之洞创办汉阳铁厂

张之洞早年是清流派的首领，后来成为洋务派具有代表性的人物。张之洞于 1889 年任湖广总督，1890 年兴建汉阳铁厂。汉阳铁厂是清末最早开办的官办钢铁企业，也是当时国内规模最大的钢铁企业。中国的钢铁工业从此起步，西方将汉阳铁厂的开办作为中国觉醒的一个重要标志。

1885 年中法战争结束，张之洞认识到钢铁工业与中国的贫富强弱息息相关。1888 年张之洞在广州创办了广州兵工厂。1889 年，张之洞上奏朝廷，建议修筑卢汉铁路，提出"铁路之枢纽，干路之始基，而中国大利之所萃"。朝廷准奏，清政府计划卢汉铁路分为南北两段修筑，卢汉铁路的北段由直隶总督主持，南段由湖广总督主持。当年张之洞决定在广州创办铁厂的时候，接到了调令，到湖北接任湖广总督之职。

张之洞要离开广州，接任张之洞的是李瀚章，李鸿章之兄。对于张之洞在广州创办的兵工厂如何处置？李瀚章征求李鸿章的意见。李鸿章的建议是，保留兵工厂，之后迁移到北京附近，就可以增强自身的实力。李瀚章的这个要求，张之洞答应了下来。他在广州创办的炼铁厂和纺织厂，也随着他到湖北任职，迁移到了湖北，之所以迁移到湖北，他给出的理由是两广的财政能力不足，而且资源匮乏。

张之洞所创办的汉阳铁厂发端于广州，发展于湖北。到了湖北以后，张之洞在汉阳龟山（亦称大别山）脚下选择了一片空地，给负责航运管理的总理海军事务衙门发了一封电报，说明在这里选择好地理位置要建钢铁厂的事宜："今择得汉阳大别山下有地一区，长六百丈，广百尺，宽绰有余。南枕山，北滨汉，面临大江，运载极便。"张之洞就汉阳铁厂选址的理由向朝廷做了禀报，内容包括六个方面：运输生产钢铁的原料方便；销售钢铁产品方便；人才使用方便；督查工程方便；监督资金的使用情况方便；处理废渣方便。后人将这些内容简称为"六便"。

张之洞在创办汉阳铁厂的过程中，也遇到了阻挠。就在钢铁厂建设的初期，张之洞遭到朝廷中守旧大臣的弹劾，理由是张之洞创办的汉阳铁厂大量消耗国家资金，太过浪费。对于当时资金紧缺的清政府而言，这个弹劾理由几乎是"致命"的。张之洞立即上奏，将创办汉阳铁厂的资金使用情况在奏折中做了详细说明，同时对汉阳铁厂能够带来的利益进行了介绍。后来，奕䜣等人对张之洞表示了支持，光绪皇帝也就不再追究张之洞的责任，但是，也不再给汉阳铁厂拨款。关于款项的问题，张之洞只能自主解决了。

1893 年，汉阳铁厂建成了。这是一个钢铁联合企业，规模宏大，其中包括炼钢厂、铸铁厂和炼铁厂等共十个，两座炼炉，工厂的工人达三千人，其中采煤工人一千人。1894年六月二十八日，汉阳铁厂正式开炉生产。

汉阳铁厂创办起来后，在炼铁上费了一番周折。

张之洞致电驻英公使薛福成，要购买炼钢厂用的机炉，让其推荐英国好的制造机炉厂家，于是薛福成推荐了英国梯赛特工厂。随即，张之洞便联系了英国梯赛特工厂的厂主。英厂主对张之洞说："欲办钢厂，必先将所有之铁、石、煤、焦寄厂化验，然后知煤铁之质地若何，可以炼何种之钢即可以配何种之炉。差之毫厘，谬以千里，未可冒昧从事。"

张之洞说："以中国之大，何所不有，岂必先觅煤铁而后购机炉？但照英国所用者购办一分可耳。"

厂主听到张之洞如此直言，就将机炉卖给了他。

机炉在汉阳铁厂安装好之后，要从大冶运铁矿，从马鞍山运煤。但是，不能炼焦炭，就只能从德国购买几千吨的焦炭。至1896年，已经消耗资金五百六十万两，钢铁还是没有炼出来。后来，张之洞选用了江西萍乡的煤，炼出了钢。但是，机炉所采用的是酸性配置，没有去磷的功能。由于钢中的磷含量过多，导致钢太脆，容易裂开，不能用于铺设。因此，购买的机炉不适用。张之洞就又向日本借款三百万银圆，将酸性配置机炉改为碱性配置机炉，质量优良的马丁钢被炼造了出来。

近代中国，汉阳铁厂是第一个大规模用机器生产的钢铁厂，在整个亚洲也曾是最大的钢铁厂。几年之后，日本的钢铁厂才勉强建成。张之洞可谓是中国近代工业的创始人，被誉为"钢铁之父"。

用"存款证明"承揽卢汉铁路工程——刘鹗

刘鹗（1857—1909）是小说家，因创作《老残游记》而广为人知。刘鹗连续两次参加科举，结果都名落孙山。1888年，刘鹗三十一岁，仕途上出现了转机，进入湖南巡抚吴大澄的幕府，之后又进入山东巡抚张曜的幕府。

刘鹗命运的改变，是因为在黄河治水上大显身手，得到了赏识。1887年，郑州一带的黄河出现了决口，这次决口导致正河的河道出现断流。安徽、河南和江苏的二十多个州县被洪水淹没，黄河水注入到洪泽湖，有冲向扬州的趋势。清政府立即派出官员治理黄河，但是一年也没见成效，决口无法合拢，多位一品大员因此被免职。时任广东巡抚的吴大澄被调任署理河道总督，承担治理黄河的任务。此时刘鹗捐了同知衔，到河南拜见了吴大澄，提出"筑堤束水，束水攻沙"的策略，被吴大澄采纳，运用到了治理黄河的工作当中。1889年，黄河决口合拢。吴大澄向朝廷上奏成立善后局，刘鹗负责河南、直隶、山东的黄河河图测绘工作，还根据各地县志、黄河治理档案资料将《历代黄河变迁图考》完成，黄河河道的每次变迁都被一一列举出来。1895 年，刘鹗因在黄河治理工程上获得成就，被推荐到总理衙门任职，以知府衔任用（相当于现在的市长，享受待遇为司局级）。

清政府的总理衙门承担着重大国务，包括外交、军备、洋务等事务，刘鹗此时在这里任职，扩大了自己的人脉圈，加上父亲在官场上的关系，刘鹗可谓是顺风顺水。与官场相比，刘鹗更喜欢商场及结交外国朋友。他探听到卢汉铁路工程项目即将启动，就想积极争取。可是，他自己没有资金与势力，因此需要借助洋人的势力，这是违背原则的，刘鹗只能到天津找王文韶。虽然刘鹗的父亲刘成忠与王文韶关系密切，但是王文韶是出了名的"透亮圆到"，即便愿意帮助刘鹗，在重大的事情上也不愿意背负风险。王文韶就告诉刘鹗这件事情自己不能做主，需要得到张之洞的认可。王文韶给张之洞写了封信，明确应标的四个人中，刘鹗是否靠得住不好说，另外的三个人都和洋人有关系。王文韶没有否定刘鹗，也没有表示支持。这样做的目的就是让张之洞知道刘鹗与自己没有关系，出了什么事情自己不必承担责任。

刘鹗在上海履祥洋行开具了"存款证明"，呈给了张之洞。

张之洞问过王文韶有关刘鹗的情况，王文韶表示"不知其人"。对于刘鹗呈上的"存款证明"，张之洞有所怀疑，他给王文韶写信说："银行提供了保证书和保证的金额，哪有外国银行为中国的商人担保上千万巨款的呢？"张之洞给上海台道发去公函，要求查明此事。

上海道台非常重视，请专人向担保刘鹗的履祥洋行的行主贝履德询问。上海道台在复函中表示，刘鹗事实上是没有在这个洋行存款的，他为了争办卢汉铁路用了这种策略，将工程承揽下来，之后向外国的银行贷款。履祥洋行开在上海，做的主要是投资生意。刘鹗并没有银行存款，却与这个银行商议，如果能承办卢汉铁路，就转向外国银行凑借一千万两银子。履祥洋行刚刚开办起来，即便是采用转借的方法向外国的银行借钱，也并不可靠。

张之洞将刘鹗作假的事情调查清楚之后，并没有将刘鹗揭穿。

卢汉铁路在修建的初期大量地用钱，铁路仅仅修建到一百公里就出现了资金不足的问题，只能停工，后续的资金不知到什么时候能到位。1894年，中日甲午战争爆发，最后中国战败，清政府也因此力推实政。1895年，清政府支持修建铁路，卢汉铁路再次启动。面对资金短缺的问题，张之洞不断地争取清政府的支持，可是清政府也面临财政困难，最后答应每年为卢汉铁路工程拨款二百万两白银。可是，这笔款项还没有到账，李鸿章就以"俄患日亟"为名，上奏修建关内外铁路。这笔款项就被"截胡"了。

修建卢汉铁路没有钱，怎么办呢？铁路是国家的基础设施，国库没有钱，可以用政策"抵债"。1895年，清政府开展了全国范围内的卢汉铁路建设招标：至由卢沟南抵汉口干路一条，道里较长，经费亦巨，各省富商如有能集股千万两以上者，准其设立公司，实力兴筑。事归商办，一切赢绌，官不与闻。如有成效可观，必当加以奖励。

招标内容很明显，就是允许卢汉铁路为商办铁路，从政策上打破了官办官营的模式。当然，清朝政府也提出了要求，要能提供一千万两以上的银子，没有这个能力就免谈。

朝廷不干预，让商家有了更大的自主权，就必然会吸引更多的投资者。

这个时候，盛宣怀出现了。盛宣怀要接办铁路，就要将汉阳铁厂接过去。接办铁路，接手汉阳铁厂，这个交易与刘鹗没有关系，但盛宣怀是商人，一定会讨价还价，张之洞就将刘鹗作为盛宣怀的竞争对手，避免盛宣怀提出苛刻的条件。两个月过去了，刘鹗还没有接到消息，没有人告诉他张之洞的想法。刘鹗到处打听，直到七月份，刘鹗获得了准确的消息。张之洞令人传话给刘鹗，关于修建铁路不能达成协议。刘鹗感到很失落。

张之洞就审查四位商人资质的事情向总理衙门正式复函：四位商人都不可靠。

张之洞给清朝政府提出建议，卢汉铁路的主办权最好是给非常熟悉商务且家境殷实的人。事实上，张之洞这么做就是要让盛宣怀中标。

张之洞用"美人计"钓盛宣怀

　　盛宣怀（1844—1916），字幼勖，被誉为"中国实业之父"，是第一代资本主义近代化的奠基人。盛宣怀的父亲盛康，字勖存，号留园主人。盛康是清朝的官员，专注制艺之学（明清时科举的八股文专题研究），主张做学问必须有益于国家，倡导用经世致用的实学挽救当时的清朝政权。盛康告老还乡后，在苏州购买了刘氏寒碧庄，经过修葺之后改名为"留园"。园中的建筑经过修缮之后更加华美、精巧，园中有很多的奇石，改变了刘氏寒碧庄的那种深邃的氛围，给人以雄丽之感。留园与北京的颐和园、苏州的拙政园、承德的避暑山庄并称"中国四大名园"。盛康在这里享受快意的生活。

　　盛宣怀是盛康六个儿子中的长子，他的一生成就不凡。父亲盛康与李鸿章交好，1870 年，盛宣怀被招入李鸿章的幕府，成为李鸿章的得力助手。李鸿章对盛宣怀非常器重，1871 年，盛宣怀就升为知府的官级。1871 年天津大水，盛康要捐助衣物粮食，盛宣怀购买之后发往天津，将物品散发给当地的受灾群众。这是盛宣怀的第一次捐款捐物活动。

"一手官印，一手算盘，亦官亦商，左右逢源。"李鸿章这样称赞盛宣怀。盛宣怀的贡献对近代中国的工业和商业发展都起到了推动作用。盛宣怀助朱其昂创办了近代中国第一家自主开办的轮船招商局，是近代规模最大的；第一家自主开办的电报局，也是近代规模最大的；煤铁钢联合企业汉冶萍煤铁厂矿公司，规模宏大；华盛纺织厂，是近代最大的纺织厂；通商银行，是近代第一家银行，也是商办银行；自主开通了铁路干线。此外，盛宣怀还热衷于教育事业，近代中国的新式学校，包括最早的天津北洋大学堂、上海南洋公学都是盛宣怀创办的。可见，盛宣怀是当时商业领域内非常重要的人物，也是李鸿章的"摇钱树"。

　　盛宣怀原本是李鸿章的铁杆心腹，后来为张之洞"两肋插刀"。盛宣怀的这种机遇源自于他所拥有的能量以及自身的价值。

　　李鸿章失势，盛宣怀的处境自然不会很好。张之洞创办汉阳铁厂面临亏损，要解决这种亏损的局面，盛宣怀是张之洞首选的人才。张之洞为了获得盛宣怀这个人才，也是费尽周折，最后不得不使出了下下策——"美人计"。

　　张之洞给盛宣怀发了一封函，邀请他到武昌商议汉阳铁厂"官督商办"的事宜。盛宣怀告诉张之洞要回家给老父祝寿，于是他就从天津坐船前往上海。盛宣怀是不苟言笑的人，对歌舞音乐却情有独钟，也喜欢美女。这次盛宣怀走得急，忘了带宠妾，于是就感到有些孤单。这日在船上晚饭后散步，偶遇一位美女，两人相视一笑，盛宣怀的艳遇开始了。聊了一会儿，这位美女告诉盛宣怀，自己是戏班的艺人，艺名"白玉兰"，要到上海转道，之后去汉口看望艺姐。盛宣怀将自己的名片递给白玉兰。白玉兰看了名片之后，露出了惊讶的表情，说自己对盛大人慕名已久，知道盛大人非常慷慨，没想到在此有幸一见。白玉兰的仰慕让盛宣怀有些意外，意外之外他也非常高兴。

几天的航行中，有了白玉兰的陪伴，盛宣怀不再感到寂寞。白玉兰告诉盛宣怀，到上海后，去汉口探望艺姐的事情可以暂缓，她可以陪盛宣怀去武昌。

他们到上海的时候，迎接盛宣怀的是张之洞派来的湖北藩台，他乘坐着一艘军舰邀盛宣怀与白玉兰一起上军舰。盛宣怀受宠若惊，于是与白玉兰上了军舰，享受豪华之旅。军舰在武昌码头靠岸，张之洞已经等候在那里。张之洞亲自前来迎接自己，这让盛宣怀没有想到，甚至有些惶恐不安，即便是李鸿章也没有给过他如此高级别的礼遇。

张之洞投其所好，除了与盛宣怀聊聊汉阳铁厂"官督商办"的事宜，还安排了各种歌曲宴请活动，由专人伺候盛宣怀与白玉兰的日常生活。盛宣怀也是尽心尽力，他将"汉冶萍公司"的设想拟出来给了张之洞。一段时间之后，盛宣怀要回天津了，白玉兰泪眼婆娑地挽留，还将自己的艺妹白玉菊介绍给盛宣怀，白玉菊是能歌善舞的女子，弹奏的乐曲优美动听，这让盛宣怀有些魂不守舍。白玉兰让白玉菊伺候盛宣怀，自己回汉口演出。盛宣怀此时突然想到，天上怎么会掉馅饼呢？这哪是艳遇呀，明明是圈套。按照大清律，官员狎妓是要被罢官的。盛宣怀非常害怕，也就留在武昌，不再提回天津的事情。

张之洞对盛宣怀的私德比较反感，但是人才奇缺的时候，还非常需要这个人。梁启超对这段事情的记述是："当时张所创湖北铁政局，经开销公项六百万两而无成效，部门切责。张正在无措之时，于是盛来见，张乃出两折以示盛，其一则劾之者，其一则保举之者。盛阅毕乃曰：'大人意欲何为？'张曰：'汝能帷幄接办铁政局，则保汝；否则劾汝！'盛不得已，乃诺之。"

1896年，盛宣怀将汉阳铁厂这个烂摊子接了下来，帮助张之洞解决各种难题，并且开始筹办煤铁钢联合企业汉冶萍煤铁厂矿有限公司。

1896年，卢汉铁路总公司成立，盛宣怀被任命为督办大臣，对卢汉铁路统筹修建。1902年，张之洞推荐盛宣怀任正二品工部左侍郎。张之洞发挥政治上的优势，盛宣怀发挥商业优势，两者合作，成就了近代中国的铁路事业。1896年至1906年，盛宣怀作为卢汉铁路的督办大臣共修铁路两千一百多公里，铁轨均为汉阳铁厂生产。

中国钢铁工业的摇篮——汉冶萍煤铁厂矿有限公司

　　盛宣怀接收汉阳铁厂之后，打破了官办企业的经营模式，开始招募商股，实施官督商办，并扩充汉阳铁厂。汉阳铁厂扩充的同时，也对大冶铁矿进行了改造，由于资金短缺，张之洞向日本兴业银行借了三百万银圆的资金，抵押了道湾矿山以及矿局的所有财产，汉阳铁厂由此丧失了大冶铁矿的主权。1908 年，汉阳铁厂由于被日本人牵制不能获得利润，这种情况下就需要将生产规模扩大。同年，汉阳铁厂的经理盛宣怀上奏朝廷，将汉阳铁厂、大冶铁矿、萍乡煤矿合并。朝廷批准成立"汉冶萍煤铁厂矿有限公司"（简称"汉冶萍公司"），盛宣怀为公司的总经理。为了扩大生产，就需要大量地吸收资金，广招商股成为主要的途径。汉冶萍煤铁厂矿有限公司是当时亚洲最大的钢铁联合企业。

　　对大冶铁矿的改造，盛宣怀是非常重视的。我们将时间回溯到盛宣怀督办轮船招商局的时候。1873 年，李鸿章按照"官督商办"的体制，借鉴了西方股份制，将民用企业轮船招商局创办起来，这是中国第一家股份制的轮船招商局，在1885 年改组后，盛宣怀出任督办。此时的盛宣怀看到钢铁要通过水路运输从国外进口，白银大量地外流，就有了自主开采铁矿的想法，将新式的铁厂创办起来。

盛宣怀的父亲盛康在湖北做官，他到湖北看望父亲的同时，也对矿藏备加关注，他发现阳新一带有大量的矿藏。1875 年，盛宣怀请洋矿师对他所发现的矿藏区域进行勘探，尝试着采集煤矿和铁矿，发现大冶铁山的矿藏质量非常好。如果将这些生铁合熔后炼成所需要的钢铁，就可以使用中国自己的钢铁了，不需要从国外进口。

盛宣怀不动声色，将大冶铁山的一片山地低价买进，之后他建议李鸿章在湖北开采煤铁，并请李鸿章上奏朝廷，由朝廷出资将煤矿开采总局设置起来，他负责矿藏的开采业务，并在当地创办一个铁厂。但是，李鸿章对煤矿和铁矿的经营是局限于自己势力范围内的，湖北显然不在此范围内，于是就没有予以支持，盛宣怀也只好将这个想法搁置了。

张之洞扩充汉阳铁厂，正急于寻求铁矿时，盛宣怀终于等到了好时机，于是就将大冶铁山的矿藏地图拿给张之洞看，还请比利时矿师白乃富（Em ile Braive）为总工，对大冶铁矿进行改造。

炼钢铁需要大量的燃料，面对燃料缺乏的问题，盛宣怀派人与外国矿师到处寻找。楚西、赣、皖等各个地区是主要的搜寻地带，并进行了试钻，最终找到了萍乡煤矿。于是，盛宣怀在德国的礼和洋行借来四百万马克（即四百万两白银，1马克＝1两白银）用于萍乡煤矿的开办。至此，汉阳铁厂的燃料问题得到了解决。

汉阳铁厂最初所生产的钢铁质量不合格，是因为其中含有很高的磷元素。盛宣怀派李维格到欧洲考察学习新的炼钢技术，回国后将原有的贝色麻酸法废弃，使用马丁碱法之炉将磷元素去除，所生产的钢铁保证了质量。汉阳铁厂经过扩充之后，成为了钢铁行业的亚洲之最。当时的外国人惊叹不已：中国开始觉醒了！

合并后的汉冶萍公司所生产的产品质量是非常好的。所生产的铁在美国销售，质量令美国人佩服。外国所生产的铁加入的锰元素比较少，会有剥落的现象。汉冶萍公司所生产的铁中含有天然的锰元素，在冶炼的过程中加入锰矿，所生产的铁刚柔兼济、不会脆化，质量非常好。汉冶萍公司已经成为中国近代工业的品牌。

卢汉铁路借款背后的明争暗斗

1896 年，卢汉铁路要开工了，可是还没有找到资金来源。清政府希望采用集资的方式，让华商购买卢汉铁路的股票募集资金。当时广东的富商比较多，不仅从事商业活动的人多，而且还有雄厚的民间资本。因此，卢汉铁路发行股票募集资金的地点选在了广东。

卢汉铁路是从卢沟桥到汉口，当时汉口到广州的粤汉铁路只有规划并没有修建的计划。广东的富商们认为投资卢汉铁路短时间内无法见到效益，当然就不愿意投资了。将资金用在这里，等到修建粤汉铁路的时候就没有可投入的资金了。清政府拿不出钱，民间资本募集困难，就只能寻求借外债这条出路了。走这条路是非常危险的，张之洞心知肚明，当时觊觎中国铁路主权的国家很多，包括美国、英国、德国、法国、俄国、日本等。日本好战，不断发动侵略战争，使得他元气大伤，需要几年喘息的时间，对这条铁路也没有占用的打算；英国、法国、德国和俄国都是需要防备的，如果清政府向他们借款，就必然产生不良的后果。法国想参与修筑卢汉铁路并借款给清政府获得利益，依中法战争所签订的《越南条款》中，有一些规定可以作为参与修筑卢汉铁路的理由。张之洞说："这些规定在广西可以生效，但对于卢汉铁路无效。"俄国更是贪婪，他们掌控着关外的铁路，卢汉铁路的修建还要争，清政府对俄国的警惕性比较高。张之洞知道，修建卢汉铁路这步棋如果没走好，就会落入外国人的圈套里，给别人"做嫁衣"，如果是这样还不如不修。与这些国家相比较，清政府对美国是比较有好感的，美国的劣迹相对少一些。事实上，美国善于要阴谋，不会有大的动作，以攻心为主。

　　盛宣怀与美国的华美合兴公司之间建立了很好的私人关系。因此，他首先想到的是借美债，还暗中让美国派遣工程师对卢汉铁路工程现场进行勘察。私人关系在国家利益面前就显得渺小了。当谈到借债的时候，美国的条件非常苛刻，不仅要大包大揽，还要获得铁路主权。盛宣怀不能自己做主，也就放弃了。美国人到总理衙门威逼，没有得到满意的答复，又找张之洞商讨，提出"华洋皆可入股，权利全归美商"，张之洞拒绝了。美国没有成功，英国人霸气十足地登门了。英国人有在中国建造铁路的经验，对中国的地理环境比较熟悉。英人威尔逊曾经向清政府提出铁路大干线的修建，起始端为北京，经由天津、汉口，到达广东。对于英国而言，卢汉铁路的修建是非常好的机会。英商恭佩珥带着借款草约来见盛宣怀，他提出的条件是：提供四百万英镑（即两千四百三十二万两白银。据1894年英镑兑白银比率计算，

1 英镑＝6.08 两白银）的借款，年息为四厘七毫，九五折扣，清政府作担保，用卢汉铁路作抵押。如果修建铁路的原料需要从外国进口，英商要占七成的比例。除了借款合同外，清政府还需要签订补充协议，补充协议规定不仅要修建卢汉铁路，还要修建一条与卢汉铁路衔接的铁路，一直延伸到广州。

盛宣怀向张之洞详细禀报了草约事项以及补充协议的要求，张之洞明确反对。铁路延伸到广州，就到了英国人的势力范围。英国人就会借这条铁路线北上，后果是非常严重的。英国人的借款一定不能用。

1897 年，比利时驻汉口领事法兰吉登门拜访张之洞，见到张之洞他就说愿意提供借款修建卢汉铁路。"本国的君主命我来，愿意为中国的卢汉铁路出一分力。"直隶总督王文韶认为比利时并没有太大的野心，不会对中国不利。比利时作为一个小国，并不会干预中国的国家事务，与其他的国家相比较，比利时是有优势的。面对美国、英国、法国和比利时等国家的公司，张之洞为了安全起见，选择了小国比利时。这个国家有丰富的钢铁资源，而且筑路的技术水平比较高，对中国没有侵犯的想法，所以感觉放心。

张之洞在签订合同之前，提出了一些要求，共五条：第一，借款的利息是四厘；第二，不打折扣；第三，修建铁路的原材料使用以投标的方式确定，要选择物美价廉的材料，不能规定一定要使用比利时的材料；第四，借款事项与修路事项不是一回事，要分开，不可以混为一谈；第五，用铁路作抵押，先借款，之后修建铁路。法兰吉针对第一条，提出借款的利息太低了，希望提升到五厘五毫。

经过一番商讨之后，双方各有让步，由盛宣怀负责草签合同的事宜。

1897年，清政府和比利时草签了《中比卢汉铁路借款合同》，规定：借款金额为四百五十万英镑（即两千七百三十六万两白银），年息是四厘，九折付款，期限为三十年，清政府批准，用铁路作抵押。

张之洞和盛宣怀将修建卢汉铁路的资金问题解决了，心理压力得到了释放。可是，事情并没有这么简单。他们认为不会带来风险的比利时竟然设下了圈套，此后各种事情一个接着一个，非常令人气愤。

比利时看似很弱，但其后有法国和俄国撑腰，不断地生是非。借款合同草签完毕，比利时驻汉口领事法兰吉与比利时公司的新任负责人德福尼来见盛宣怀，提出除了合同的正本，还要加一个合同，明确再索要三十五万英镑（即一百八十五万四千四百两白银）的借款费用。盛宣怀说："草约已经签订完毕了，为什么还要节外生枝呢？"德福尼说："我们没有欺蒙督办的意思，这是我们应该得的。"

盛宣怀非常气愤，与德福尼争辩。德福尼说："如果在六月二十七日之前没有答应我们的条件，就请向其他的国家借款。"盛宣怀找比利时领事法兰吉，又找了总理衙门、比利时驻华使馆，都没有解决问题。快到签约的期限了，盛宣怀无可奈何，只能同意，将合同的正本内容修改了，利息增加了四毫。但是，比利时依然没有在合同上签字，盛宣怀就知道还有阴谋。十一月八日，比利时驻华公使费格来到总理衙门，要求在借款合同上明确清政府用国家的名义担保。卢汉铁路的修建是公司行为，如果出现不良后果，清政府所属的铁路公司顶包，这样可以降低风险。国家担保，如果卢汉铁路修建中出现问题，或者出现了债务危机，需要清政府出面解决。比利时让清政府承担风险，可谓是用心险恶。清政府无奈忍气吞声，答应了比利时的要求。

清政府的退让，让比利时得寸进尺。1898 年二月，比利时提出新要求，不能在短时间内凑齐四百五十万英镑借款，只能先提供一百四十万英镑（即八百五十一万两白银），年息要增加到五厘，打九折，还非常自信地说，"你们能借到低于五厘利息的钱，就尽管借，把一百四十万英镑还给我们就可以了。"比利时出尔反尔让光绪皇帝忍无可忍，就下了一道旨意，明确按照四厘的年息，八五折，银行担保，必须按照规定的期限完成铁路修建，否则就与英国人签订借款合同。

清政府被惹怒，躲在背后的法国和俄国出来调停。这时的比利时很猖狂，还提出了更加苛刻的要求，要求清政府让驻美公使伍廷芳在与美国签订的《粤汉铁路借款合同》上增加一条，如果与比利时废约，美国承办卢汉铁路，还要另行借款五百万英镑（即三千零四十五万两白银）给比利时。

盛宣怀接到清政府的授意，要与比利时废约。比利时总工程师俞贝德并不知道这件事情，又提出：卢汉铁路的修建分成两段；修建完毕的铁路，比利时代管运营三十年；比利时营造粤汉铁路，如果出现矛盾纠纷，请法国出面调停。盛宣怀都予以驳回。这就是法国和俄国采用层层勒索的策略，让清政府就范。盛宣怀非常生气，就致函俞贝德：罢议卢汉铁路借款之事。

法国指责清政府不履行合同。伍廷芳来信说，美国政府已经接受了清政府提出的关于借款的合同内容。清政府态度强硬，法国公使到总理衙门道歉，法国领事见盛宣怀时推卸责任，让比利时公司承担责任。比利时也承诺按照合同原条款修建铁路。可是，当比利时公司见清朝政府的态度有所缓和时，就又提出了三十条意见，比如，对铁路的行车全权负责等等，俄国跟着帮腔。清政府只能委曲求全同意了这些意见。

1898 年六月，盛宣怀与比利时签订了正式的借款合同，同时还签订了《卢汉铁路行车合同》。修建卢汉铁路的借款事宜终于告一段落。

万里黄河上第一座铁路桥

晚清时期，黄河频繁决口而且每隔一段时间就改道。修建卢汉铁路的时候，黄河的决口是半年一次，包括河北、河南、山东的西南部和安徽的东北部都会受到影响，出现不同程度的黄河水患。张之洞考虑到这些原因，在提出修建卢汉铁路的时候，就指出："北岸在清化镇以南一带，南岸在荥泽口以上，择黄河上游滩窄岸坚、经流不改之处作桥以渡河。"虽然卢汉铁路可以从开封过黄河，但是，考虑到黄河决口的问题，就选择了从郑州过黄河。

1897 年，张之洞上折《会奏由楚入豫勘襄樊信阳两道比较便利请旨遵行并陈报南北两端情形折》，请示卢汉铁路从鄂（湖北）进入到豫（河南）的走向可以在两个路线中选择：其一，按照传统驿路，出汉口向西北方向延伸，经由襄樊、南阳，直到郑州；其二，从汉口直接向北延伸，经由孝感、武胜关、信阳，直到郑州。

在这两条路之间做出选择，需要重点考虑的是资金问题。如果按照修建铁路每公里两万两白银计算，经襄樊需要消耗六百四十万两白银，如果养路费按照每公里两千两白银计算，经襄樊每年需要多消耗六十万六千两白银。张之洞还提出，"俟干路既成，再由郑州向西，经河南府直入潼关，筹添支路，孰不亲缓急先后秩序。"说明当时是比较困难的，所以，清政府和张之洞更为关注的是铁路向西北延伸。向西北延伸就需要在黄河上架桥。

修建卢汉铁路要重点解决的是两个难题，即资金和黄河。资金问题解决了，现在面临如何在黄河上架桥的难题。

1900年，清政府请德国、美国、意大利的技术专家到现场察看，将黄河铁路桥的桥址最终确定了下来，桥址选在了距离郑州二十八公里的黄河处。北岸从沁河到桥址有大坝，可以起到防护的作用，南岸邙山头土质非常坚硬，可以形成一道天然的屏障。黄河铁路桥从1901年至1902年都在进行工程设计中。黄河的河水自然地分为南槽和北槽，两槽的中间是沙地，所以，黄河铁路桥两侧的下承钢钣梁分别设计为二十五孔、三十一点五米。整个黄河大桥共一百零三台桥墩，管桩八根。桁梁与钣梁之间设置了对渡墩，共两个，分别由十四根管桩构成。桥面是直线、平坡。

从现场勘察到确定黄河铁路桥的具体位置，将黄河铁路桥的设计图纸完成，用了近四年的时间。设计方案经过了多方论证。黄河上第一座铁路桥开始动工已经是1903年的九月份了。

比利时公司为了获得更高的经济利益，于是就加快了工程建设进度，导致卢汉铁路的设计和施工缺乏合理性，技术标准低，施工质量难以保证。

比利时人让·沙多是修建卢汉铁路的总工程师。让·沙多在给妻子的一封信中写道："修建卢汉铁路的过程中受到当地自然环境和气候条件的影响，可谓是困难重重，出现了很多意想不到的事情。"

当卢汉铁路修建到河南境内的时候，让·沙多团队看到水流湍急的黄河，而且河床上的细沙层非常深，要架桥是非常难的。为了将桥架起来，他们想尽了各种办法，一年半之后才确定了架桥的方案，由几千名工人用肩挑手扛的方法架起了桥。这就是黄河历史上的第一座跨河铁桥，长度为三公里。

黄河铁路桥工程施工中，雇用的中国劳工使用的工具都非常简陋，所需要的各种原料和机具都是用牛车、马车和人力车从汉口运到工地的。在黄河滩地的基础施工中，管桩入土的深度为十三米至十五米之间，用水泥砂浆填实，结果在一天夜里三十八个桥墩都被洪水冲歪了。技术专家经过商议，采用抛投石笼的方法终于稳住了桥墩，起到了一定的加固效果。

当卢汉铁路建成后，信阳以北平原就好像长堤一样，恰好将黄河水的去路挡住了。每到夏季和秋季，黄河水猛涨，就引发山洪。铁路附近的村庄和农田都会被淹没，当地的农民采用挖断路基的方式泄洪，以保住自己的家园。比利时公司则用武力对农民镇压。卢汉铁路沿线，黄河铁路桥是最长的桥梁，比利时公司为了降低施工成本，加快施工进度，在修建石质桥墩的时候采用螺旋钢管钢桩技术取代气压沉箱技术，由于桥墩下到黄河的底部深度不够，难以稳定，导致工程施工中被洪水冲走了八个桥墩。

1905年二月一日，黄河上第一座铁路桥竣工了。比利时公司所修建的铁路桥只能作为临时铁桥，每年的洪水期都要进行修缮，做好加固处理工作，仅仅技术维修上就需要消耗大量的资金。

1906年，卢汉铁路的南段和北段都建成了，南北全线通车。从汉口驶出，在郑州停靠，通过黄河铁路桥，到达北京卢沟桥站，火车的时速每小时十公里。卢汉铁路后改称"京汉铁路"。南北贯通共经历了近六年半的时间，修建速度为每年八十七公里。到1909年，清政府提前将卢汉铁路主权赎回。而卢汉铁路上的这座铁路桥因为技术局限，在工程师让·沙多眼里安全使用期只有十五年，但中国修修补补，竟然使用了五十年。

第四章

连接长城内外的铁路——关内外铁路

以夷制夷

1840 年的鸦片战争后，外国资本家在中国境内竞相开办近代企业，到此时已经超过了五十家。自 1860 年以来，中国的企业也引进了西方先进的经营方式。随着近代航运业的兴起，洋务派创办近代海军，使用新式舰船，新式舰船需要使用煤做为燃料，同时洋务企业制造近代新式武器需要钢铁。李鸿章以增强海防为理由，上书朝廷请求开采煤铁，以满足煤炭与钢铁的需求。

唐山的煤炭资源丰富。当地人普遍使用土法挖煤。洋务运动时期，这里的煤炭生产规模不断扩大。1876 年，直隶总督李鸿章饬令候补道唐廷枢负责勘察唐山开平的矿产资源，唐廷枢与英国的矿师马里斯经过勘察后，将所获得的煤、铁资源勘察结果递交给李鸿章。李鸿章非常满意，1877 年开始招商募股。1878 年李鸿章与唐廷枢开办开平矿务局，唐廷枢担任总办，引进了英国的钻探设备和各种采煤用的机器设备。1879 年开始凿井建矿。开平煤矿采用机械作业的方式，1881 年，煤产量达到三千六百一十三吨；1883 年，煤产量达到七万五千吨；1885 年，煤产量达到二十四万吨。开平煤矿是中国第一座近代大型煤矿。1887 年，开平矿务局在林西开凿新井，到 1899 年，煤产量达到六百三十一万吨。当时香港及一些外国船都开始使用开平煤矿生产的煤。开平煤矿是中国官督商办的煤矿，当时获得了可观的收入。从 1889 年至 1899 年，盈利达五百余万两白银。

为了将煤运出去，于是计划修建铁路，从开平矿区延伸到北塘河口，最终修筑了从开平矿区到胥各庄的铁路。这就是唐胥铁路，1880 年铺轨，1881 年完成，此即为京奉铁路的首段。

1888 年，铁路延伸到天津东站，承担客运和货运的业务。李鸿章想要将铁路从天津延伸到北京的通州，受到阻挠而搁置。1890 年，光绪帝下谕，在东北三省修建铁路，铁路线从天津延伸到山海关外，一直到达盛京（即今沈阳市），经过宁古塔（即今牡丹江海林市）、珲春到图们江的中俄交界处，即为关东铁路。1893 年，关内的铁路修筑到山海关。为了修建关东铁路，开始向关外购地，购买了到达锦州的土地，关东铁路开始动工。1894 年，这条铁路修了二百多公里，到达中后所（现在的"绥中"）。中日甲午战争爆发，关东铁路被迫停工。甲午战争之后，1895 年，清政府与日本的明治政府签订了《马关条约》，标志着中日甲午战争结束。关东铁路复工。关东铁路和关东铁路关外段合称为"关内外铁路"。

英俄在中国东北的争夺非常激烈。英国要通过修筑关内外铁路将势力扩展到中国的东北地区，在东北开拓商业贸易。俄国希望将甲午战争后在东北建立起来的势力进一步巩固。关内外铁路对英国和俄国都是具有重要意义的。

怡和洋行是 1832 年英国在中国广州创办的英资洋行，在清朝时期从事中国贸易。1843 年，在上海成立了怡和洋行。从 1872 年开始，怡和洋行的投资范围扩大，渗入到多个领域，中国的铁路也是该洋行投资的项目。吴淞铁路就是怡和洋行 1874 年在上海投资修建的。怡和洋行对关内外铁路同样感兴趣，向清政府总理衙门呈报，愿意对关内外铁路的山海关外路段进行投资建设。但是，清政府对关内外铁路的建设不止于铁路运输方面，还考虑到当时的社会环境，因此，对于关外铁路的修建要全面统筹。

对于怡和洋行的要求，清政府顾虑到《中俄密约》，决定暂时不修建关内外铁路。1891 年，沙皇开始修建贯通西伯利亚的大铁路，计划从莫斯科出发，穿越中国的黑龙江和吉林，一直延伸到海参崴，长达八千多公里。1896 年，清政府与俄国签订《中俄密约》，就是黄俄罗斯计划。清政府允许俄国穿越中国的黑龙江和吉林修建铁路，享有铁路的使用权，用于运送粮食、军械、伤员。这段铁路就是中东铁路（东清铁路）。

清政府暂时没有将铁路延伸到东北，而是修建了从天津到卢沟桥的铁路（津卢铁路），1897 年竣工。这条铁路修建完毕后，清政府才开始修建关内外铁路的关外路段。俄国在东北三省修建铁路，并获得铁路的使用权，势力不断扩大，清政府难以指挥调度，就希望能挽回一些铁路使用权。于是就修建关内外铁路的关外路段，有英国的支持，可以发挥英国的作用削弱俄国的铁路使用权，清政府用这种以夷制夷的方式，借助英国的力量对俄国进行牵制。

金达事件

金达是英国铁路工程师，是在开平矿务局工作的第一批外籍工程师之一。金达的父亲托马斯·金达（Thomas Kinder）是铁路设备制造行业的一名商人。金达在十四岁的时候，随着父亲来到香港。1870 年，金达进入俄国圣彼得堡的一家机车厂学习。这是一家德国人管理的单位，金达学习铁路工程。1872 年，金达获得工程技能的"证书"，虽然不是大学的毕业证书，但是，也算是铁路专业方面的文凭，父亲就履行自己的承诺，通过关系将金达送到日本的铁路部门做助理工程师，从事神户到大阪路段的铁路修建工作，还参与勘探九州西部深海港口的工作。日本明治维新期间的 1877年爆发了著名的战役——西南战争，这是日本爆发的最后一次大规模国内战斗，西乡隆盛将日本的西南武士组织起来叛乱。西南战争使日本内部对立阶层表面的矛盾得到了解决，日本的内耗得以避免，所有的人团结起来，开始对外扩张。金达就是在这样的日本社会背景下被解雇的。金达来到中国的上海，刚好遇到开平煤矿公司新矿业项目的两位英国工程师，在这两位工程师的引荐下，认识了开平矿务局的总办唐廷枢。

1878 年 7 月，金达来到唐山，在开平矿务局担任工程师。1881 年，开平矿务局为了解决运输煤的事情，计划修建唐胥铁路。唐廷枢主张采用窄轨轨距，因可以降低修建铁路的成本。金达认为，唐胥铁路采用一千四百三十五毫米标准轨距比较合适。日本铁路当年就采用窄轨轨距，结果带来了各种弊端。按照金达的想法清政府修建铁路彩用标准轨距，必然会从英国购进设备，因为英国的设备是当时世界最精类的。英国设备制造出来的标准轨距的钢轨最精准，误差最低。中国修建铁路大量地使用英国的产品，为英国资本进入中国提供了非常好的机会。1906 年，清朝政府最终决定采纳金达的建议。

1882 年，金达接任英国人薄内担任唐胥铁路总工程师，之后参与修建了芦台铁路、津榆铁路铁等铁路线。为换回一些铁路使用权，清政府决定复修关内外铁路的关外路段，金达被聘为总工程师。俄国非常不满意，反对英国的工程师参与修建关外路段，于是，英国人金达担任关内外铁路关外路段总工程师成为英俄争论的问题。

俄国驻华公使巴布罗夫在 1897 年照会清政府，提出这项工程对于俄国非常重要，在修造的时候，要与俄国商量。如果聘用俄国的工程师，聘用方式是很公道的。如果需要资金，俄国可以提供帮助。俄国要求修建铁路雇用俄国工程师，并明确反对金达继续担任总工程师。俄国声称李鸿章出使俄国时曾经保证过，不打算继续修向北延长的铁路，如果要修，一定聘用俄国工程师甚至利用俄国资本，巴布罗夫带着政府的训令要求清政府免去金达的总工程师职位，聘用俄国的工程师，并对金达展开人身攻击。英国对俄国的举动非常气愤，英国驻华公使窦纳乐对俄国的这些要求强烈不满，向英国国内报告，金达作为总工程师遭到攻击。并对俄国提出除非认为山海关向北延展的铁路为俄国的铁路，否则，中国政府雇用哪个国籍的工程师，俄国都没有反对的理由，何况金达是一名非常值得信任的工程师。窦纳乐还指出，西伯利亚铁路延长线修至满洲，英国并不持有反对意见，也不会阻碍俄国的发展。窦纳乐要求总理衙门的官员绝对不可以辞退金达。

针对金达是否担任关外总工程师的问题，巴布罗夫与窦纳乐进行了交涉。巴布罗夫问窦纳乐，清政府是否已经答应英国坚持任用金达为关内外铁路关外段的总工程师，窦纳乐的回答是肯定的，同时指出，面对俄国对金达的抨击，英国会采取行动，保护英国公民的权利和利益。

窦纳乐认为金达是在为清政府提供服务，俄国对英籍工程师进行抨击，就是侵犯了英国公民的权益。巴布罗夫说，他对金达没有敌意，认为他是一名十分干练的人。之所以向清政府的总理衙门提出反对任用金达为总工程师的主张，是因为清朝政府违反了对俄国的承诺。清政府不遵守承诺，才会提出这种强硬的主张。

窦纳乐指出，关内外铁路关外路段是中国的铁路，中国任何地区通向边界的铁路线任用外国工程师都不需要感到骇异。

俄国希望邻近俄国边境的中国境内不应该有其他国家的势力。窦纳乐要保留金达的职务，保护金达的利益。巴布罗夫表示，并不是一定要辞退金达，如果是其他的铁路线，俄国并不会干预。

英国与俄国各持己见，互不相让。

最后，实在没有办法英国与俄国达成协议，相互妥协，共同承认关外路段是中国的永久产业，任何国家都不得借机侵占。1898年10月，中英双方签订《关内外铁路借款合同》。金达继续担任关外路段的总工程师。

李鸿章：中国可无李鸿章，不可无唐廷枢

唐廷枢（1832年–1892年），初名唐杰，字建时，是中国近代著名的洋行买办、洋务运动的代表人物。唐廷枢创办近代民族实业，对民族经济的发展做出了贡献。

唐廷枢主持轮船招商局的工作，这是一家民用企业，是洋务派举办的第一个民用轮船招商局；唐廷枢担任开平矿务局总办，这是新式煤矿，使用机器开采，也是第一个用机械设备开凿、用西法开采的矿井。

唐廷枢想到，煤矿要更好地发展，提高与外国进口煤的竞争力，就要减轻税负。唐廷枢给李鸿章呈上禀折，述说此事。李鸿章针对开平煤矿减煤税一事上奏朝廷，获得清政府批准，这为开平煤矿的发展注入了动力。

开平煤矿的煤炭产量不断增加，运输成为需要重点解决的问题。唐廷枢认识到开平煤矿要获得长远发展，从唐山矿区到胥各庄码头之间修建铁路至关重要。唐廷枢给李鸿章呈上禀折，说明自己的想法，派英国工程师金达谒见李鸿章，陈述铁路的重要性。唐廷枢的这一举动促使李鸿章对修建唐

胥铁路下定决心。

唐廷枢还开办了第一家较具规模的保险公司仁济和保险公司（仁和、济和保险公司合并），钻探了第一口近代油井。

开平煤矿出煤逐年增加，为了提高煤炭外运能力，1886年唐廷枢呈请李鸿章批准成立开平铁路公司。海军衙门奏请清朝政府修建了阎庄至大沽的铁路，津沽铁路、津榆铁路、津通铁路也相继修建、开通。

1892年，唐廷枢在天津病逝。他在中国早期近代化的发展进程中刻下了深深的印记。

汇丰银行贷款事件

关内外铁路的修建中，资金问题是需要重点解决的。俄国在金达事件上对英国妥协，在铁路修建中的贷款问题上与英国又发生了争执。1894年的中日甲午战争中，中国战败，需要承担巨额的战争赔款，清政府难以为修建关内外铁路关外路段提供财政支持，就只能寻求向外国借款的途径。

关内外铁路督办大臣胡燏棻对当时清朝政府的财政情况进行了分析，他统计了财政收入，除了用于养路和对各种建筑工程的维修之外，余下的资金还需要还洋款，收入和支出很难相抵，在五年之内也未必有赢余。所以，修建铁路只能向外国借款。关外路段采用借外债的方式获得资金，购买物料开工，先修建一半。其余的物料与承办这项工作的洋行商量，物料先支付一半的款项，利息照常支付，待一两年之后，将所有的款项陆续还清。

1898 年，胡燏棻奏请快速修建关外路段，突出关外路段可以加快东北三省的开发进度，而且还可以起到抵制俄国、保卫北京以及周边地区的作用。修建铁路需要面临的最大问题就是经费。按照胡燏棻的估算，需要借款一千六百万两才够用。这些款项已经决定向英国汇丰银行借取，且与汇丰银行草签了借款合同。

英国希望在中国的东北三省发展自己的势力，关内外铁路是最好的途径。所以，英国急于获得借款权。清政府海关总税务司罗伯特·赫德（Robert Hart）向伦敦办事处税务司的金登干（James Duncan Campbell）致电，说明关外路段急于建设，汇丰银行最好能尽快向清政府提供贷款。

罗伯特·赫德是英国政治家，1854 年来到中国，1861 年在上海担任海关总税务司职务。赫德从 1861 年至 1911 年担任晚清海关总税务司，长达半个世纪。他在任职期间针对税收、浚港、统计、检疫等制定了海关管理制度，还主持创建了中国现代邮政系统。清代海关外籍官员金登干是英国苏格兰人，1863 年到中国担任海关总税务司署的总理文案，主要的工作是财务稽核。金登干与赫德之间的交往非常密切。

罗伯特·赫德还告知金登干，不要顾惜小的费用，也不要提出过多的要求，影响铁路的建设进程。

英国在对铁路的贷款上占有一定的优势，必然会影响俄国的势力。俄国当然不会坐视不管。

1898年六月，英国的公使窦纳乐到总理衙门与中国的官员讨论贷款事项。清政府的官员谈及俄国驻华代理公使巴布罗夫正极力阻挠，并声明，用英国的贷款不可以用铁路作为抵押，但用俄国的贷款可以。

窦纳乐为了争得英国，借款给清政府的借款权，对清政府做出承诺，如果关外路段的修建中向英国借款，无论是哪个国家与中国发生战事，英国都会伸出援助之手。针对俄国的阻挠，窦纳乐说，如果修建关外路段的事宜交由英国，无论任何的国家与中国政府理论，英国都会有办法解决。窦纳乐还强调，他已经对巴布罗夫说过，中国无论借哪个国家的款项，俄国都不应干预。关外路段是中国的产业，中国向汇丰银行借款，任何的国家都无权占据铁路权。铁路仅仅是用作担保，不是用作抵押。

英国在语言上明显做出了让步，但是俄国坚决抗议，提出，不能将铁路作为抵押借款，也不可以用铁路作保借款，铁路不得由泰西（当今的西欧）人管理。在俄国看来，英国所提的担保和抵押之间没有差别，如果中国没有能力还款，英国对铁路就有控制权，对俄国是非常不利的。

窦纳乐与总理衙门的官员会晤的时候，用略带威胁的口吻指出，对于这样的事情一定是不可以答应的。如果答应了，就会关乎到中国与英国之间的外交关系。既然中国已经知道英国是在为中国提供帮助，就不可以答应俄国的要求。英国首相索尔兹伯接见中国驻英国的公使，对于英国的立场已经阐明，汇丰银行为中国修建铁路提供贷款，俄国是无权提出抗议的，中国对俄国的抗议应该不予理睬。

清政府在英国和俄国的压力面前，为了维护本国的主权和铁路权，将英俄两国之间的矛盾充分利用起来，对自己的利益予以保护。

总理衙门照会窦纳乐，表明清政府的态度，俄国已经声明不可以用铁路作为抵押，中国对铁路持有永久权，不可以将这条铁路或者这条铁路的一段以借款为借口改为外国人的产业，也不可以将经营权给外国人，外国人不可以对铁路方面的事情予以干预。针对修建关外路段向英国借款的事项，俄国没有提出其他的建议。

清政府成功利用了俄国与英国之间的矛盾，达到相互牵制的目的。对于这件事情，张之洞也强调向汇丰银行借款是商业性的，不用这条铁路作抵押，就可以避免英国和俄国对铁路的干涉。张之洞提出，清政府财力紧张，依靠借款修建铁路是不得已而为之，要维护好自身的利益。如果向俄国借款，俄国必然会通过这条铁路进入到关内，会威胁到京城。如果借英国的款，可以让俄国与英国之间相互牵制。所以，向汇丰银行借款是比较妥当的。

关于修建关外路段的借款问题，英国与俄国之间妥协，约定这条铁路是中国的产业，不可以用借款的名义侵犯铁路权。

博弈到最后，清政府决定向英国的汇丰银行借款。1898年，关内外铁路督办大臣胡燏棻与英国的中英公司草签了《关内外铁路借款合同》。合同中明确规定，向英国借款一千六百万两，签约后的三个月之内，英国公司决定是否同意。如果英国公司同意，就可以按照合同要求执行借款事项。之后，关内外铁路督办大臣胡燏棻与汇丰银行并代英国怡和洋行经理、中英公司代表希勒签订正式的合同。合同中一共二十条，主要的内容如下：

北京、山海关各个道路的所有车道、车辆，一切的产业、搬运费进款以及新路建成之后的搬运费进款，都可以作为这次借款的担保。

这次借款的本息都是由国家作为担保。

在向英国借款的期限内，由英国人担任总工程师，经验丰富且干练之欧洲人担任铁路办事的首领人员。

合同中的所有收款和进款都要存在天津汇丰银行。

借款的期限是四十五年。从第六年开始分四十年归还款项，每年的利息是五厘，九折实付。

另外，还附有：外国银行借支各款清单、《关内外铁路借款合同》借英款二百三十万英镑应还本利表。

清政府还保证，合同中所指的铁路永远都不会让其他的国家掌握铁路主权。

义和团运动

1895 年，清政府与日本明治政府在日本马关港签订《马关条约》。至此，中国的一些地区，包括山东、辽东、台湾等都已经渗入了日本势力。这让俄国、德国和法国非常不满意，他们要求日本放弃对辽东半岛的占领。《中日辽南条约》中明确表示，《马关条约》将辽东半岛割让给日本，日本将这个地区的所有公属物件永久性地归还中国，清政府要向日本支付三千万两白银。清政府财政上已经捉襟见肘了，面对巨额的赔款，政府已经没有能力承担，关内外铁路修建计划也被迫搁置，这为外国势力争夺筑路权提供了非常好的机会。英国和俄国都想要通过资金援助的方法获得铁路权。

俄国向英国妥协，清政府向英国汇丰银行借款修建关内外铁路关外路段，铁路的路线是从山海关经由新民屯到达奉大线。俄国对新民屯到达奉大线一段铁路非常不满意，对辽河铁桥的修建持有反对意见。于是，清政府放弃了架桥计划，计划 1899 年开始修建关内外铁路的营口支线和新民屯支线。

就在这个时候，义和团运动爆发了，清政府修建关内外铁路两条支线的计划落空。

义和团运动是清末群众性的爱国运动，是甲午战争后中国人民起来反抗侵略的运动。该运动遍及全国各地，被西方国家称为"拳民暴乱"。义和团是在山东、直隶（今河北）等地区通过民间秘密结社兴起的。清朝政府将其作为"拳教"进行查禁，以抑制其发展。

1900 年，义和团在东北的运动是抵抗俄国的入侵。义和团将俄国在东北三省修建的基础设施捣毁，包括东北地区的铁路、桥梁，俄国设在铁路车站的护军所都遭到了破坏。义和团将俄国的铁路拆除，俄国以保护铁路为借口，派出军队驻扎在中东铁路沿线和南满支线。

义和团运动对清朝修建铁路的影响众说纷纭。随着俄国在中国东北地区的势力逐渐扩大，清朝政府继续向东北修建铁路的计划暂时停止了，而改为修建天津到卢沟桥的铁路。1897 年津卢铁路建成后，清政府才开始修建关内外铁路的关外路段。津卢铁路铺双线，是中国第一条双线铁路，修建费用为四百一十四万两白银，贷款一百五十四万两白银。修建津卢铁路期间，清政府将津唐铁路路权收回，其与关东铁路并称为"津榆铁路"。津卢铁路与津榆铁路合并。

当时的义和团集结在卢保铁路沿线，与清军激战。直隶总督荣禄调动兵力，也没有将义和团镇压下去，经过协商，就从正驻守海防前线的淮军将领聂士成部调动了几个营的精兵，经由津卢铁路、卢保铁路向保定进军，镇压义和团。义和团为了阻挡清军，将卢保铁路破坏，之后将津卢铁路破坏。清政府让聂士成在镇压义和团的同时，还要保护好铁路。

在这种情况下，关内外铁路的支线修建计划没有能够实施。

日本的阻挠

1902 年，袁世凯作为关内外铁路大臣，监督修建了由打虎山起的工程。东北发生义和团运动，俄国以此为借口占领了关外路段，后于 1902 年末归还给清政府。1903 年，关内外铁路修建到新民屯。新民屯至奉天的距离还不到六十公里，但工程停工。在中俄《续订旅大租地条约》中有规定，中国不允许"将南满支路所经过地区之铁路权利给与他国"。清政府修建这条铁路所借用的是英国的款项，如果继续按照计划修建铁路，就必然与俄国之间产生矛盾。铁路的修建并没有按照最初的设计进行，当新民屯的铁路修建工程完毕后，1904 年，日本与俄国之间发起了争夺东北铁路权的战争。

1904 年，日本与俄国为争夺东北地区的利益发动了日俄战争，日俄战争持续了一年之久。日本临时铁道大队接受满洲军总兵站监部的命令，修建从新民屯经由法库门至小塔子的铁路。这条铁路基本完成后，日本临时铁道大队开始修建新民屯到奉天的铁路。马三家子到老边间的铁路线路完成后，修建奉天到马三家子的铁路。这条铁路初期是手推式的，日本临时铁道大队接手后，这条铁路就成为了机车式轻便铁路。

1905 年，日本与俄国经过美国的调解签订了《朴茨茅斯和约》，包括十五条内容。其中提到，俄国将长春宽城子至旅顺段的中东铁路（东清铁路）支线移让给日本，在这条支线上的所有财产以及一切的权利都交给日本。日本停止修建铁路，但是，从新民屯至奉天之间的轻便铁路已基本完成。

1906 年，日本将新民屯至奉天的轻便铁路修建完成。这条铁路是日式窄轨。

日俄战争结束后，清政府与日本之间针对新奉铁路和吉长铁路的事宜进行多次交涉。1907 年签订《新奉吉长铁路协约》，其中规定，日本修建的新民屯至奉天的铁路卖给清政府，改为清政府自主修建的铁路，将窄轨铁路改为标准轨铁路，与原有关内外铁路连接起来。

至此，从北京永定门车站到沈阳皇姑屯车站的关内外铁路全线通车，更名为"京奉铁路"。

1907 年，京奉铁路宣告开通，但是，并没有直接通往奉天，而是受到日本南满铁路阻碍将终点站设在奉天城外，地处皇姑屯，称为"皇姑屯站"，与奉天城根之间的距离为三点九公里，与南满铁路上的奉天站没有连接上。

东三省总督徐世昌主张修建新民屯到齐齐哈尔的铁路。为了防止外国势力的介入，徐世昌提出可以将这条铁路看作是关内外铁路的延长线。从新民屯到齐齐哈尔的铁路可以划分为三段，先修建新民屯到法库门的线路。按照关内外铁路的借款合同筑路筹款，向英国借款。东北地方政府与英国保令公司签订修建铁路的合同。

当日本知道关内外铁路从新民屯经由法库门到齐齐哈尔后，就表示反对。

日本人控制着南满铁路，坚决不同意京奉铁路跨越南满铁路或者穿越南满铁路。

南满铁路的实际开创者后藤新平说，新奉铁路线已经归还清政府，清政府不满足，还要将铁路向法库门延伸，清政府的行为使得日本的威信受损。此后，日本就以新法铁路会对南满铁路的利益造成损害为理由，反对东北地区修建这条铁路。徐世昌等人并没有动摇，修建铁路的决心已定。

日本开始做英国的工作，希望得到英国的支持。日本对英国表示，中国如果能够放弃这项工程，更改修建铁路的线路，从南满铁路的一地点开始修建，到法库门，成为南满铁路支线，可以由英国负责修建，这对于中国、英国和日本都有利。英国对日本的看法表示了认同，新法铁路的修建计划没有实现。

1909年，日本通过驻华大使阿倍守太郎要挟清政府，中日两国在北京签署了《东三省交涉五案条约》。日本获得了京奉铁路营口支线（1903 年，关内外铁路修建到新民屯后。1904 年，清政府重启修建营口支线，费用由津榆铁路盈利款中支出）的所有权，以此作为交换，日本允许京奉铁路线延伸到奉天城根。

1911 年，中日签订《中日京奉铁路延长线协约》，日本允许将南满铁路提高，架设桥梁。京奉铁路从南满铁路桥下经过。奉天铁路总局需要支付给南满铁道株式会社两万四千日元的补偿金。这段铁路建成后，将奉天的终点设置在奉天城小西边门北部大约一点五公里处，称为"奉天城根站"。

至此，京奉铁路将北京与奉天真正意义地连接起来，全线通车。

第五章
"丁"字形结构纵横东北三省——中东铁路

《中俄密约》

1895 年，清政府与日本签订了《马关条约》，德国、俄国、法国三国的干涉接踵而至。俄国首先表示抗议，俄国外交大臣明确表达了自己的观点，俄国政府要以非友好的方式向日本政府提出请求：不要永久性占领中国土地。如果日本政府不接受这项忠告，俄国就要联合德国和法国对日本采取军事行动，从海上切断日本与中国大陆的交通，也切断日本与俄国之间的交通。

俄国当时在远东没有海军基地，觊觎大连军港很久了，就提出，日本占领南满（今东北南部），已经威胁到了俄国。俄国对日本占领南满非常不满意，如果抗议无效，就要采取措施。俄国还声称，自己这么做是为了帮助中国，与中国建立友好关系。当然，中国作为友好邻邦，对于俄国的帮助就要给予必要的补偿，同意俄国的要求修改中俄边界。

当时俄国正在修建西伯利亚铁路，还没有竣工，存在调兵不利的问题，俄国如果与日本单独开战没有十足的把握，就想出联合德国和法国的办法，武装自己的势力。俄国与法国为同盟，如果德国与俄国接近，那么俄国与法国之间的关系会有所松动，德国不再处于孤立的处境，可以扩大在远东的势力范围，堂而皇之地向清政府索取一个港口，建立海军基地。德国还可以用这种方式将俄国与日本之间的矛盾激化，让俄国更为关注远东，这样可以减轻俄法同盟对德国施加的压力。

德国皇帝威廉二世下令，向远东地区开赴一艘装甲舰和一艘巡洋舰。德国外交大臣马沙尔认为，《马关条约》已经损害了德国以及欧洲其他国家的利益，虽然德国的损失不是很大，也要据理力争，日本必须做出让步。

法国决定参加联盟，驻华公使蒙得培罗告知俄国外交大臣罗拔诺夫，法国站在俄国这一边，与俄国建立同盟。法国并没有放弃染指中国东南沿海的野心，特别是台湾地区，是法国重要的目标。

就这样，俄国、德国和法国的驻日公使共同向东京外务省递交了备忘录。俄国公使希特罗渥提出，日本对辽东半岛永久占有，就会导致各种冲突产生，希望日本政府能够考虑到这一点，采取一些保护性措施。德国公使哥特斯米德提出，日本对三国开战是不能取胜的，必须要做出让步。

三个国家在对日本共同提出抗议的同时，也在调兵遣将，向远东边区派遣军队，做好备战的各项工作。一旦日本反抗，三国就要联合对日开战。

日本在御前会议上反复讨论后得出应对方案，即对德国、俄国、法国三国做出让步，对三国联盟友好方式的忠告表示接受，对辽东半岛不再永久占领。日本对三国做出了退让，但是对清政府绝不退让。日本让出辽东半岛之后，就向中国政府索要动迁费作为补偿，金额是一亿两白银。清政府的财政空虚，加之俄国、德国和法国的威胁，双方讨价还价，日本将一亿两白银减至五千万两白银，最后敲定三千万两白银，而且谈妥，清朝政府的三千万两白银赔偿到位，三个月之内，日本撤军。

1895 年，李鸿章和日本全权代表林董在北京签订《中日辽南条约》，其中的内容是，日本将奉天省南部地区及辽东湾东岸、黄海北岸、奉天所属诸岛屿的永久管理权还给中国，足够的酬报费为三千万两白银，在十一月十六日交清。日本收到酬款之后，三个月内撤回日本军队。此外，中国在酬款全部交清之后，还收回了海城、岫岩、凤凰城，又相继收回了复州、旅顺、金州、大连湾等地。

这就是史上著名的"三国干涉还辽"事件，当时的西方国家对日本起到了一定的牵制作用。

日本将辽东半岛退还给清政府之后，俄国就以"恩人"自居，作为"朋友"以和平的方式向清政府索要报酬，而且还点名让李鸿章作为专使到俄国洽谈。于是，清政府就派遣李鸿章以"钦差头等出使大臣"的身份到俄国谈判。

1896 年二月，被任命为"钦差头等出使大臣"的李鸿章开始了出访欧美国家的行程，出访的国家包括俄国、英国、法国、德国、美国等国家。三月，李鸿章一行人，到达苏伊士运河，华俄道胜银行的总裁乌赫托姆斯基就已经乘坐军舰在此迎接了。乌赫托姆斯基亲自护送李鸿章一行人，于四月到达黑海沿岸的敖德萨港口，在这里乘坐火车到达俄国的圣彼得堡。李鸿章以清政府的特派代表的身份出席了俄国新沙皇尼古拉二世的加冕典礼。五月，中俄双方代表进入秘密谈判环节。俄国方面参加谈判的代表是外交大臣罗拔诺夫和财政大臣维特。财政大臣维特强调俄方对清政府提供了"援助"，维护了清政府的独立，让李鸿章认识到俄国对清政府是有恩的。之后，维特以"和平"的态度将修建铁路的计划提出来。

维特说，在中国的东北三省修建铁路，可以使俄国利用军事力量保护中国，支持中国的领土不受侵犯，而且还可以促进铁路沿线地区的生产。这条铁路通往海参崴（符拉迪沃斯托克），可是要经过中国的内蒙古、满洲北部地区，铁路的运行，会使得铁路沿线俄国区域的生产力发展起来，中国地区的生产力也会大幅度提高。既然一条铁路对两国都能带来利益，清政府就要予以支持。如果清政府同意，俄国就可以与清政府签订对日秘密军事同盟条约。由于清政府没有足够的资金修建铁路，所以，俄国会负责修建这条铁路，并具有铁路经营权。

李鸿章担心这不是俄国的要求，而是维特的个人意见，就表示：如果是沙皇尼古拉二世提出这个"借地修路"的要求，尚可考虑。维特并没有说谎，不久，沙皇尼古拉二世会见李鸿章，表达了自己的观点："俄国地域广袤，人口稀少，不需要侵占其他国家的土地。俄国与中国长期以来密切交往，借用中国的土地修建铁路，主要的目的就是快速调兵，如果中国有需要，俄国就能够立即提供帮助。所以，这条铁路不仅对俄国有利，对中国也是非常有利的。"

尼古拉二世说："这条铁路如果由中国独自修建，恐怕能力有限，由上海的华俄道胜银行承办，制定章程，中国方面指挥管辖，就不会出现对中国不利的事情。如果英国和日本对中国有所侵犯，俄国当然是立即提供援助。"

中日签订《马关条约》后，李鸿章发誓"此生永不履日土"。在他到俄国谈判的途中，必须要经过日本。李鸿章拒绝住日本提供的住所，而且在换船的时候，也不坐日本的舢板，而是要求在两只船的中间搭上一块木板。当时的李鸿章已经七十多岁了，就这样从木板上颤颤巍巍地走了过去，在场的人都感慨不已。

俄国在谈判中一再强调要与中国合作对付日本，李鸿章寄希望于俄国，于是同意了俄国修建铁路的要求。《中俄密约》即为《御敌互相援助条约》，其中的主要内容如下：

日本侵略中国的领土，就与本条约内容有关，俄国要调遣陆军和海军提供援助。各方部队的粮食要相互合作支援。中国有战事，俄国军舰有权利进入到中国的任何一个港口。俄国的军舰有需要，中国地方当局就要提供帮助。为了方便俄国的陆军快速到达受到威胁的地点，而且确保军队的给养供应充足，中国政府允许修建通向海参崴的铁路线，穿越东北的黑龙江和吉林。这条铁路连接到俄国的铁路上，不可以用于侵占中国的领土，也不可以损害清朝皇帝的尊严。

修建铁路以及铁路的经营为华俄道胜银行承担。

中国有战事，俄国有权利自由使用铁路调动军队、运送给养。即便是在平时，俄国也有权利自由使用铁路调动军队、运送给养。除了运输业务需要停车之外，不可以借故停留。

合同生效之日起，有效期十五年。

从这个条约可以看出，中国与俄国建立同盟，这条铁路是基础，可以起到一定的防御作用。事实上，中国的东北地区已经成为俄国的势力范围，而修建铁路则为此后获得更多的利益提供了条件。

中东铁路合同

在《中俄密约》签订后，俄国又迫使清政府与其签订了《中俄合办东省铁路公司合同章程》，即中东铁路合同，获得了在东北修建铁路的权利。

中东铁路合同包括前言和正文两个部分。前言中就已经规定，清政府以五百万两白银入股华俄道胜银行，合股经营银行，委托华俄道胜银行的中国东省铁路公司按照合同约定修建中东铁路，与俄国境内的西伯利亚大铁路赤塔和南乌苏里江两端相衔接。俄国在中国东北地区修建铁路，还按照中东铁路合同的第六条："在铁路的附近需要开采沙土、石块、石灰等的土地，如果是官地，为清朝政府给予，不缴纳土地费用，如果是民地，按照当时的土地价格购买，一次性交清，或者是每年向土地所有者交纳地租，公司自主筹备款项交纳。俄国将铁路两侧的土地称为铁路用地、铁路专用地或者是铁路租用地。清朝政府要保护好铁路使用人。在铁路用地出现的命案、盗窃以及诉讼等方面的事宜，地方官员都要按照约定办理。"

在中东铁路合同中，《中俄密约》的相关内容被细化了。合同中，俄国享受着减免海关税特权，为俄国的商品进入到中国东北地区提供了便利。

签订中东铁路合同之后，俄国没有征求清政府的意见，就批准了《中东铁路公司章程》，其中的内容很明确，俄国希望用这种方式获得治外法权，比如，修建铁路的时候发生租用和借用的民事纠纷，或者引发刑事案件的时候，由"中俄两国当地官署按照约章会同审判"，而不是按照当地的有关规定办理。很明显，这个章程中赋予了"铁路附属地"的特权，对中国的主权是一种挑战。

1897 年，德国占领胶州湾，清政府在没有办法自主解决的情况下，请俄国提供帮助。

从 1860 年到 1872 年，德国的地质学家费迪南·冯·李希霍芬（Ferdinand von Richthofen）到中国考察了八次，建议德国占领胶州湾。冯·李希霍芬的理由是，胶州发展空间比较大，交通便利；山东地理环境优越，产煤质量好；中国的劳动力资源丰富。从这以后，德国就已经锁定了胶州湾，要将这里划归为自己的势力范围。

1895年，德国外交大臣马沙尔男爵在给当时的德国海军中将海军大臣何尔门的一封极密件中说，在中国持续失败的情况下，德国就要向中国提出土地要求，以作为军港、储煤站等使用，让何尔门确定地点。

这件事情就是在德国参与干涉日本还辽事件的一个星期前发生的。他们参与到俄法德联盟中，就是为了让清政府以土地为补偿。年底，德国公使绅珂奉德皇威廉二世之命向清政府的总理衙门提出转让一个军港的要求，马沙尔则要求"借地储煤"，都被清政府拒绝了。

1896年，李鸿章到俄国参加尼古拉二世的加冕典礼。马沙尔以维护亚洲的局势、保持中国的完整、促进对华贸易为由，又一次提出转让一块海军基地的要求。当时的天津税务司德璀琳协助李鸿章访问德国后，正在德国度假，德国的海军司令克诺尔与其会见，德璀琳也认为胶州是很值得争取的。

俄国面对清政府的请求，借机在1898年让清政府签订了《旅大租地条约》和《旅大租地续约》。在条约中明确规定，清政府将旅顺和大连租给俄国，租期为二十五年，以中东铁路干线的某一个站作为起点，修建南部支线，经由长春、沈阳，到大连和旅顺。

当年，清政府驻俄使臣许景澄在圣彼得堡与俄国签订了《东省铁路公司续订合同》。在合同中明确规定了中东铁路南部支线的相关事宜，定名为"东清铁路南部支线"。俄国按照约定获得了修建中东铁路支线的特权。

此后，又签订了《中俄续订东省铁路支线合同》，即为中东铁路支线合同。俄国就这样占领了太平洋沿岸天然不冻军港旅顺，还获得了沿线森林、矿山等资源使用权，内河、沿海的航运特权。

1899 年，俄国将旅大租借地改名为"关东州"。

俄国修建中东铁路，使其在中国东北地区的势力快速扩大，帝国主义列强在中国境内的争夺也进一步激化，1904 年日俄战争在中国土地上爆发。1905 年九月五日，日俄双方在美国经过了长达二十五天的谈判后，签订了《朴茨茅斯和约》，正式结束了在中国土地上进行的日俄战争。按照和约的内容，日本获得中东铁路支线从长春以南到旅顺口的铁路线，对铁路沿线的附属物持有特权。

民间外交家乌赫托姆斯基

清朝末年，中国东北地区成为众多帝国主义国家觊觎之地，与一个神秘的人物不无关系，那就是号称"民间外交家"的乌赫托姆斯基公爵。这个人的活动范围非常广泛，从俄国的彼得堡到乌苏里江以东的海参崴，再到中国的北京、上海等城市，都会有这个人的身影出现。乌赫托姆斯基还会不时地出现在沙皇尼古拉二世面前，首席御前大臣维特的身边也会偶尔出现这个人物，李鸿章还会与其洽谈事务。乌赫托姆斯基公爵是俄国的贵族，他的重要使命就是在远东活动。由于其身份的特殊性和工作的秘密性，他所承担的职份也比较多，诸如中东铁路公司的俄方董事、蒙古矿业公司的总经理等。俄国在中国的东北地区修建中东铁路，以及俄国势力的不断扩展中，他是不容忽视的人物。

乌赫托姆斯基出生在俄国世袭的贵族家庭，其家族地位显赫，与罗蒙诺夫皇室有密切关系，就是类似中国封建社会利用姻亲达到政治意图，因此，乌赫托姆斯基会被尊为"亲王"或"大公"。当乌赫托姆斯基成年之后，就承袭了"公爵"称号，因此被称为"乌赫托姆斯基公爵"。

乌赫托姆斯基也许是受到家庭传统教育环境的影响，封建意识比较强烈，笃信专制主义。乌赫托姆斯基在青年时期就想走上政治道路，而且痴迷于各种冒险活动。无论他有什么样的理想，要达到目的是非常容易的，因为他有世袭的家族显赫地位，也有巨额的财富。因此他在彼得堡上流社会很受尊重。

1887年，乌赫托姆斯基依靠家族的声望谋得了《彼得堡新闻》主编兼发行人的职位。他在报纸上发表了一系列宣扬大国沙文主义的文章，竭力渲染沙皇政府，而且不断地扩大舆论。乌赫托姆斯基的努力得到了政治界的关注，在1889年，乌赫托姆斯基作为俄国政府国外领地事务处的官员，开始了他的中亚地区之旅。短短的三个月时间，他对中亚地区的地理环境以及政治局面已经基本了解，令他意想不到的是，亚洲的领土是如此令人神往，这里充满了机会。他很不理解，俄国人为什么对亚洲的领土没有关注过？为什么错过了如此多的发展机会？

乌赫托姆斯基是尼古拉二世的私人教师，他的政治思想潜移默化地渗入到尼古拉二世的意识深处，对后来尼古拉二世的东方政策产生了很深的影响。当乌赫托姆斯基游历了中亚地区之后，发表了《从卡尔梅克草原到布哈拉》，并将这篇文章送给了尼古拉二世。他知道，尼古拉二世是俄国未来皇位继承人，请尼古拉二世阅读这篇文章，对这位未来的沙皇具有良好的教育效果。在文章的内容中，所表达的是乌赫托姆斯基游历中亚地区后的收获以及心理感受，让俄国政府知道他们在亚洲地区、在太平洋都有既得利益，应该将俄国的注意力向东方延伸。

乌赫托姆斯基这么做并不是突发奇想，也不是因为游历了中亚地区就产生了这种想法，而是有其更为深层次的历史原因。

俄国经历了克里木战争，这对于俄国人而言是一种永远也抹不去的耻辱。从 1853 年至 1856 年，俄国与英国和法国为争夺巴尔干半岛的控制权而在克里木发生了战争。这是拿破仑帝国崩溃之后的一次大规模的国际战争。当时英国、法国、奥斯曼帝国、撒丁王国都向俄国宣战。英国和法国在战场上都已经使用新式线膛步枪了，俄国还在使用老式的火枪，甚至用刀剑战斗，俄国在军备上就已经输给了英国和法国，在战争上必然不会占有优势。战争延续到1856年，以俄国惨败告终。俄国要在世界上称霸的理想也因这场战争而遭受打击，因此转移了目标，将视角转向了崇尚和平安宁的远东地带。

远东是俄国没有触及的地方，太平洋地区也有待开发。英国、法国和德国不愿意面对俄国这个强大的竞争对手，也希望俄国更为关注远东这个地方，而不再"骚扰"欧洲。于是，乌赫托姆斯基就采用了引诱的方法，将俄国的注意力转移。

按照俄国所处的地理位置，如果不能在欧洲获得利益，当然就会转向亚洲。在克里木战争中败北的俄国并没有收敛自己的野心，就开始对亚洲剑拔弩张。其实俄国对亚洲并不是很陌生，与东方民族也有长期交往的历史，这一点对于俄国而言是个优势，文化上更容易融合，不会产生类似与欧洲文化之间的疏离感。

当时的俄国文化环境也极力渲染这一思想，沙皇政府的知识分子鼓吹扩张行动，这与当时俄国的战略目标相符合。舆论永远是为政治服务的，对政治也具有引导作用。俄国创造了这种对外扩张的舆论环境，用这种方式让所有的民众认识到俄国政府的这种做法是理所当然的，是俄国的历史使命。乌赫托姆斯基就是主张俄国向亚洲扩张的主要代表人物。

乌赫托姆斯基不仅是俄国皇太子尼古拉二世的私人教师，从某种程度讲，他甚至是俄国未来发展的导师。在乌赫托姆斯基的教育引导下，俄国皇太子尼古拉二世决定在登上皇位之前考察中国的东北地区，看看这个地方为什么让自己的老师如此的"迷恋"。

1890 年，尼古拉二世起程了，乌赫托姆斯基以皇太子的私人老师的身份同行。1891 年三月他们经由印度到了日本，之后从日本进入到中国的东北地区。

中国的黑龙江边上伫立着穆拉维约夫的塑像。穆拉维约夫是原西伯利亚总督，俄国的军人，同时也是一名探险家，帮助俄国攫取了中国外兴安岭以及乌苏里江以东一百多万平方公里领土。当尼古拉二世仰视着这座雕像的时候，乌赫托姆斯基讲述了这位扩张者的丰功伟绩。

1891 年三月三十一日，西伯利亚大铁路东段的开工典礼举行，尼古拉二世主持。西伯利亚大铁路横跨欧亚，在典礼上，尼古拉二世感触颇深，认识到铁路不仅是用于运输的线路，也是扩张的基本脉络。就是这次游历，让尼古拉二世对东方充满了兴趣。

乌赫托姆斯基与尼古拉二世回到彼得堡之后，乌赫托姆斯基将他们的所有见闻编写成一本书，名字是《尼古拉二世做皇储时的东方之行（1890—1891）》。这本书于 1893 年在彼得堡出版，不仅在国内发行，而且还翻译为德文、英文和法文。

《尼古拉二世做皇储时的东方之行（1890—1891）》看似旅行随笔，实则乌赫托姆斯基的扩张思想渗透其中，书中他从文化地理学的角度论证了俄国对东方不可推卸的责任。

在书中，乌赫托姆斯基大肆宣扬："亚洲——我们一直是属于它的，我们同它生活相通，利害与共，通过我们，东方人才逐渐了解他们自己，才逐渐达到一种高尚的生活……我们没有什么需要征服的东西，亚洲这个种族的人民，从血统上，从传统上，从思想上，都觉得和我们关系密切，觉得是属于我们的，我们只需要更加靠近他们就行了，这个伟大而神秘的东方很容易就会成为我们的……"似乎俄国向东方扩张是一种自然的过渡，表达的语气如此轻松。文化是没有国界的，生活可以相互融通，可是国家毕竟是有国界的，怎么能像穿行一条街那样容易。后来，乌赫托姆斯基的这本书被称为"俄国政府向东方扩张的教科书"。

黄俄罗斯之梦

尼古拉二世有一个近乎疯狂的计划，就是"黄俄罗斯计划"，之所以认为这个计划疯狂，是因为这个计划如果实现了，现在的中国就是一个小国了。按照这个计划，从新疆边境的乔戈里峰直到海参崴划线，将当时中国的领土划分为两部分，在这条线以南的领土为中国所有，以北的领土为俄罗斯所有。居住在这个地方的人以黄种人居多，所以称为"黄俄罗斯"。

尼古拉二世将这个不可思议的计划制定出来之后，就着手准备。他让清政府将大连、旅顺租给他，在这里建立了"关东州"，之后从清政府那里获得修建铁路的权利，而且在铁路的沿线都有重兵把守。即便当时的俄国没有向中国的东北地区直接派兵，也对东北持有控制权。

俄国的"黄俄罗斯计划"就是以铁路为突破口展开的。铁路就是一幅路线图，不仅起到了运输的作用，也是"黄俄罗斯计划"一步步实现的规划图，承载着俄罗斯文化进入中国东北地区。俄国拥有广袤的国土，横跨欧亚两大洲，但是俄国的政治中心和发展的重心都在欧洲部分，所有的资源也是如此。要将这些资源从欧洲很快地运输到中国东北地区，就需要制定一个长远的计划。铁路就是计划中的一部分。铁路是时代的产物，也是国家发展的动力。中国修建铁路力不从心，俄国就可以伸出援助之手。当然了，"天下没有白吃的午餐"，援助是需要有回报的，于是，各种条件就会以"和平友好"的方式一个接着一个地提出来。条件不局限于修铁路相关，铁路中所蕴含的"黄俄罗斯"梦想也许只有俄国自己知道。铁路是计划的起始端，将俄国与中国之间的国界打通。铁路就好像是血管一样，将俄国的"血液"一点一点地流入到中国的领土上，渗入到土壤中，将中国的土地与俄国的土地同化……

从1860年，也就是咸丰十年开始，长期关闭的山海关大门终于敞开了，出现了浩浩荡荡"闯关东"的景象。清朝政府允许关内的人民迁移到东北地区，远东西伯利亚则是荒无人烟。因为修建铁路，有了铁路运输，大量的劳动力向这里流动，使得闯关东的人数有增无减。

1891年，西伯利亚大铁路开始修建。铁路计划是从俄国的国内开始的，修铁路的目的在于发挥铁路的基础性作用，将铁路路线无限远地延伸，让铁路贯穿于中国的东北地区。俄国以莫斯科为起点修建了这条到海参崴的铁路，在当时这是一条长到不可思议的铁路，已经跨越了八个时区。这条长达八千多公里的铁路已经近乎令人仰慕了。俄国政府修建西伯利亚大铁路，将大批的俄国移民从欧洲运送到远东西伯利亚，同时也想利用西伯利亚大铁路向中国的东北地区移民，让更多的俄国人进入到中国的东北地区，通过铁路扩展自己的势力范围。

1894年，西伯利亚大铁路已经延伸到贝加尔湖的东南边。看着不远处中国的沃土，俄国急不可待地将修建铁路的计划推向下一个环节，让铁路从俄国的境内延伸到中国的东北。从修建铁路的地理环境来看，俄国人这么做似乎是理所应当的，铁路已经到了中国东北大门的"门口"了，怎么能不让人"进门"呢？俄国作为"友好邻邦"向中国提供"帮助"，以此作为交换条件，让清朝政府认识到这条铁路对中国的好处，既能省钱，还可以方便运输。清朝政府并不傻，虽然对"黄俄罗斯计划"不是很清楚，但是防人之心总是会有的，对俄国的请求一口回绝了。

乌赫托姆斯基的学生尼古拉二世终于登上了历史舞台的最高处，成为俄国的最高统治者。俄国沙皇尼古拉二世加冕，李鸿章到莫斯科参加典礼，人在屋檐下，只能认倒霉了，李鸿章代表清政府签订了《中俄密约》，从此"黑锅"背上了。俄国获得了在中国东北过境修建铁路的特权。

在1897年，西伯利亚大铁路的南部支线开始动工，俄国的铁路进入中国东北地区的计划实现了。这条支线的地理位置就在中国东北地区，即为"东清铁路"；民国后这条铁路称为"中东铁路"（中国东方铁路）；日本与俄国的战争结束后，从长春到大连段为南段，被日本所占领，这段铁路称为"南满铁路"。日俄战争后，中东铁路也被称作"东省铁路"，就是中国东三省铁路的意思。

从中东铁路的线路情况来看，铁路的枢纽是哈尔滨，中东铁路干线从俄国的赤塔到满洲里，在这里开始中国境内的铁路修建，途径海拉尔、扎兰屯、昂昂溪、齐齐哈尔，经由哈尔滨一直延伸到绥芬河，铁路在这里出境，到达俄国的海参崴，横穿当时的黑龙江和吉林，将赤塔与海参崴连接。

晚清以前，海参崴是中国的国土，在吉林将军的管辖之下。1860年签订了《中俄北京条约》，乌苏里江以东的地区就划归给了俄国，海参崴就包括在内。俄国将这里命名为"符拉迪沃斯托克"，是"镇东府"的意思。现在的符拉迪沃斯托克已经发展为俄罗斯远东地区最重要的城市之一。

赤塔原本是中国领土的一部分，中国古代北方游牧民族在这里生活。元朝时期，赤塔属于岭北行省。1689年，清政府与俄国签订《尼布楚条约》，将赤塔地区划归俄国。

西伯利亚大铁路的南部支线以哈尔滨为中心，向西到达满洲里，向东到达绥芬河，向南到达俄国租赁的旅顺、大连。整个的铁路路线形成一个"丁"字形。

俄国表示，要帮助清政府抵制日本，而修建铁路可以及时地援助中国，清政府不得已同意了俄国的要求。1903年，这条铁路竣工并全线通车了。从莫斯科乘坐火车十三天就可以到达大连。

伴随着铁路的修建，俄国的文化开始流入到中国的境内，修建教堂起到了宗教同化的作用，开办学校发挥了文化教育渗透的作用，同时还依靠报纸杂志等媒体进行俄国文化的宣传。"黄俄罗斯计划"正在按照计划逐步落实。当俄国的这个计划距离实现只有一步之遥的时候，义和团运动爆发了，给清政府带来了灾难，为俄国的计划圆满成功创造了契机。

俄国为了将"黄俄罗斯计划"的最后一步完成，迫使盛京将军增祺签订《奉天交地暂且章程》，要占领中国东北三省。不管怎样，清政府也不愿意将"龙兴之地"丢掉，于是，在1901年对增祺严惩。当时正值八国联军进北京，其他列强对俄国的举动非常不满意，对其施加压力，将《奉天交地暂且章程》作废，保住了中国东北。

1901年签订《辛丑条约》后，八国联军撤军。俄国的"黄俄罗斯计划"还没有实现呢，就差一步了，怎么能舍得离开呢？于是，就寻找各种借口，坚决不撤兵。东北人民武装起来抵抗俄军，当时的美国、英国、德国、日本和法国也纷纷逼迫俄国撤兵。在强大的国际压力下，俄国军队从中国的东北地区撤出。俄国与清政府签订《交收东三省条约》，同意分三期将在东北的俄军全部撤出。

俄国哪有那么容易妥协的，第一期军队撤出之后，又提出了"七项撤军新条件"，而且还占领了盛京（沈阳）。清朝政府将俄国提出的"七项撤军新条件"有意识地透露给了日本驻华外交官。日本是绝对不容俄国人在东北分得一杯羹的。美国和英国都支持日本，与俄国交涉。交涉没有成功，反倒将矛盾激化了。1904 年，日俄战争爆发了，日本竟然将俄国打败，俄国不得不与日本签订《朴茨茅斯和约》。

俄国的"黄俄罗斯计划"就差那么一点点就实现了，结果彻底失败。

抗日战争时期，苏联将中东铁路卖给了日本。1952 年，苏联又无偿地将当时估价六亿美元的中东铁路交给了中国。当年的俄国修建中东铁路是为了实现"黄俄罗斯计划"，结果却成了送给中国的一份礼物。

田家烧锅

哈尔滨这座美丽的城市最早繁荣起来的地域是香坊，香坊的前身就是田家烧锅。

"田家烧锅"本是一个白酒坊，1805 年山东黄县兄弟田保辉、田炳辉在松花江边创办的。田家两兄弟从当时的河南

（现为吉林省榆树市）到香坊，在这里开出三百亩的荒地，于是一家六口人就在这里扎根生活，开办了烧锅。随着聚居在这里的人口越来越多，发展到十九世纪末期，"田家烧锅"成为一个镇，即为"田家烧锅镇"。在俄国人还没有进入到东北地区的时候，铁岭以北地广人稀，除了游牧人、渔猎人和流放到这里的罪犯之外，还有驻扎在这里的清兵，清兵的人数也不是很多。这里在当时被称为"满清后院"，被长期封禁，内地人不可以迁移到这里。直到光绪年间这里的封禁解除了，开始有内地人迁移到这里，这里的人口数量才不断增长。

1901年，修建中东铁路需要大量的工人。为了满足工程需求，铁路局在关内招工，参与修建铁路的华工人数最多的时候已经超过十七万。参与修建铁路的工人以及家属、保证工人生活需求的商贩、农民、间接为中东铁路效力的"中国苦力"等等，从关内涌来，形成了"闯关东"的景象。当中东铁路修建完成后，很多山东以及铁路沿线的人都到这里投亲靠友。此时，铁路也拉来了十多万的俄国人，有经商的，也有做工的。中东铁路让这个原本荒凉无人烟的地方变得繁荣起来。

1896年，俄国将香坊一带确定为中东铁路的修筑指挥中心，在这里征地一千零三十四亩。从香坊到松花江沿岸的土地已经达到六万五千四百亩。俄国所征用的土地规划为三个城区，即老哈尔滨市（位于西香坊一带）、新市街（南岗）、埠头区。

1897 年，中东铁路公司成立。公司的总部在圣彼得堡，同时在北京东交民巷华俄道胜银行内设置了分公司。当年的八月，中东铁路干线工程开工，工程的进展速度是非常快的。

1898 年，俄国的勘察队在工程师希特洛夫斯基的率领下到中国的松花江岸边考察，发现"田家烧锅"是个好地方，就在这里买了一个大院子，花了八千两白银。这些俄国人就在这个大院子里面住了下来。田家烧锅有三十二所房，被用作中东铁路工程局驻地。

为了便于对中东铁路进行管理，俄国人在 1902 年将中东铁路管理局设置在哈尔滨。两年的时间，中东铁路管理局大楼落成了，开始对俄国在东北地区的事务全面管理。事实上，在 1900 年，中东铁路工程局就已经委派工程师 A·K·列夫捷耶夫规划设计哈尔滨新市街。A·K·列夫捷耶夫在进行城市规划中，从城市的整体角度出发，按照现代的西方城市设计理念进行设计。总体的设计是以中东铁路为中心展开的，对区域范围内的铁路和河流都进行了合理规划。中东铁路管理局大楼处于哈尔滨的中心位置。由于该大楼的外面是用石头贴成的，因此，被本地居民称作"大石头房子"。"大石头房子"是当时哈尔滨规模最大的建筑。

在"大石头房子"的周围，一幢幢楼屋建起来，包括一层砖房、二层砖楼和三层及以上的砖楼，很快超过一千座。

1900 年，一名捷克移民在哈尔滨开办了啤酒厂，即为乌鲁布列夫斯基啤酒厂，这是哈尔滨的第一个啤酒厂。1902 年，俄国的随军摄影师考布切夫对哈尔滨的中国大街（现为中央大街）进行考察，在这里创办了中国第一家电影院——考布切夫电影院。1903年，波兰籍犹太人老巴夺兄弟在哈尔滨的宽街创办了卷烟厂。仅仅几年的时间，哈尔滨就从一个一百多个村屯的农村发展为现代化的城市。

中东铁路管理局的各项工作都在"大石头房子"中展开，也是当时哈尔滨的政治中心。在哈尔滨，"大石头房子"是"国中之国"。在中东铁路通车后，俄国外交部在致美国驻俄大使洛克希尔的备忘录中有这样的记录："满洲的发展及东北富源的开发，并非中东铁路唯一的目的，而是在于它是俄国远东领地与帝国其他部分的主要交通线，这关乎俄国的公共利益，同时这条铁路也是向这些领地运输俄国商品的大动脉。"

俄国要实现"黄俄罗斯计划"，终究没能实现。直到今天，这条"T"字形的中东铁路干线和支线都在跑火车，带动中国的东北地区不断发展。

"大石头房子"的五起大火

中东铁路开始修建，铁路建设机构迁到哈尔滨驻在"田家烧锅"，他们宣称从自己搬到这里的这一天，哈尔滨就诞生了，自认为是哈尔滨建市的"先驱者"。当地的居民对这种说法非常反感，因为这里在几百年前就已经有人居住了。"大石头房子"是为铁路管理局修建的，这也很令当地的居民反感。

"大石头房子"建成后，发生了奇怪的事情，就是从1905年至1906年的五起大火。

第一起大火发生在中东铁路管理局于1903年搬进"大石头房子"中办公了两年后，即1905年十一月二十七日。"大石头房子"的一面临街，就在这天晚上六点钟，火苗突然从房子中蹿起，烈焰冲天、浓烟弥漫，就好像火山喷发一样。"大石头房子"的火源是一楼商务部，火势的蔓延速度非常快，难以阻挡。"大石头房子"中的很多房间都已经被烧毁了。

1905年十二月初，"大石头房子"又起火了，巧的是，也是在晚上六点钟发生的。这一次的火源是在三楼。火焰依然是势不可挡，远远观望，就好像是山顶上着火一样。当地的居民站在松花江畔远远地观望这座"火焰山"，仿佛整个哈尔滨都已经被照亮了。火灾持续的时间很长，"大石头房子"中的很多部门都已经被烧毁了，包括主楼的机务处、铁路管理局办公室、医务处、军事部、《哈尔滨日报》编辑部等，全部被烧得面目全非了。火灾过后，中东铁路管理局混乱不堪，要求中国的警方协助调查，还要求俄国的护路队在规定的期限内破案。

事情还没有结束，在1905年十二月二十五日圣诞节的这一天，凌晨二时，"大石头房子"又起火了，这是第三次火灾。这一次非常严重，"大石头房子"主楼的左侧房屋都已经被烧毁了。

"大石头房子"经历了三次火灾之后，已经严重破损了。似乎上天对这座建筑的存在很不满意，就在三次火灾发生不久后，又出现了第四次火灾。1906年元旦，"大石头房子"又起火了。

1906年一月八日，"大石头房子"又发生了第五次火灾。

"大石头房子"原本是白色的，被五次大火烧过之后，白色的房子变得黑洞洞的了，惨不忍睹。"大石头房子"的前、后、左、右和中间部位都已经被烧得只剩下一个楼房的框架了。面对无法用于正常办公的"大石头房子"，俄国铁路当局决定重建。

如果说，"大石头房子"发生一次大火是偶然，那么在两个月之内就发生五次大火，就难以用"偶然"来解释了。当时的调查机关对火灾进行了调查，认为大火是有计划、有组织的行为，但是这火是谁放的，查无结果。中东铁路管理局局长霍尔瓦特对这五起大火怎么也想不明白，直到现在依然是个谜。

"大石头房子"是自燃起火的说法也说不通，从工程施工建设的角度看是不成立的。当时"大石头房子"的设计者在进行建筑设计的时候就已经考虑到火灾问题，所以，在结构设计上以及建筑材料的使用上都有意识地预防火灾隐患。如果是用电不慎而起火，是很有可能的；可是，在如此短的时间内连续发生五次火灾，让"大石头房子"没有喘息的机会，就不能够确定火灾的原因是电火了。

"大石头房子"发生火灾也就罢了，就连其所属的三十六棚总工厂的大账房也没有幸免，于二月九日的晚上九点被烧得一片狼藉。也就是在同一天晚上，夹树街的铁路矿务处也发生了火灾，有两处房子被烧。

面对此起彼伏的火灾，俄国政府感到震惊，也非常紧张，命令铁路当局一定要将火灾查个水落石出。

根据史料记载，"大石头房子"连续的五次起火是在1905年十一月末至1906年一月八日。这个期间，中东铁路的中俄工人正在举行大罢工。

俄国铁路工人在哈尔滨召开俄国工人大会，建立了特别罢工委员会，要求所有的铁路工人都参与到铁路总罢工当中。

说起"大石头房子"，就不得不说一说这座房子的第一任主人，中东铁路管理局局长霍尔瓦特。霍尔瓦特是尼古拉二世的皇亲，不言而喻，中东铁路管理局就类似于俄国在哈尔滨设置的总督府。

霍尔瓦特出生于俄国的旧贵族家庭。早年参加俄国军队，之后进入工程学校学习。霍尔瓦特在1885年参与修筑外里海铁路时，曾因修建阿姆河木桥而崭露头角，当时升任中亚及乌苏里铁路局长，此后平步青云。中东铁路通车后，霍尔瓦特调任中东铁路管理局局长。

日俄战争期间，霍尔瓦特为俄国军队筹集粮草，保证了军事运输，功劳卓著，被晋升为少将军衔。

霍尔瓦特是很有野心的人。从1903年担任中东铁路管理局局长到 1920 年卸任，不仅统治着"大石头房子"中的各个部门，而且还是"黄俄罗斯计划"的"功臣"。霍尔瓦特还在"大石头房子"里以中东铁路界内俄国最高长官的名义叫嚣中东铁路界内所有军事行政权都属于他。霍尔瓦特在任内的各种行为激起中俄铁路工人的极大愤慨，游行罢工活动持续不断。在 1920 年，游行队伍中竟然喊出了"霍氏一日不去，路工一日不开"等口号。

第六章

花钱少，质量好，完工快——京张铁路

"中国最好的铁路工程师"

1886年，担任海军衙门总理的奕譞到天津巡视北洋海口，与李鸿章商量修建铁路的办法。醇亲王奕譞是咸丰皇帝的异母弟弟、光绪皇帝的亲生父亲，本对修建铁路不是很热衷，自中法之战后，亲自游历了北洋海口，才开始意识到空谈是没有用的，还是要面对实际问题。曾"习闻陈言，尝持偏论"的奕譞，支持李鸿章修建铁路。奕譞知道慈禧太后对铁路是持反对态度的，位高权重的他也不敢大张旗鼓地支持修建铁路，于是，就趁着在天津巡视的机会在北洋海口与李鸿章会见，共同商议有关修建铁路的事宜，还要想办法规避反对修建铁路的意见。对此，李鸿章主张采用迂回策略，步步为营。

李鸿章很有办法，以开平矿务局方便运煤作为理由，将唐胥铁路延伸到芦台附近的阎庄，铁路的总长度从原有的十公里延长到大约四十公里，唐胥铁路更名为"唐芦铁路"，即为"开平铁路"。铁路的作用是将煤矿生产的煤顺利运出去，李鸿章顺理成章地将运煤铁路公司建立起来，就是"开平铁路公司"。李鸿章的修路设想不止于此，1886年的年底，又与奕譞商量，将唐芦铁路线路继续延伸，修建到大沽、天津。在奕譞的支持下，1887 年的春天，铁路延长线开始动工了，这一次的理由是调遣军队、运送军火，开平铁路公司更名为"中国铁路公司"。

"中国铁路公司" 1887 年在天津成立，1888 年，京奉铁路助理工程师邝孙谋推荐了留美的同学詹天佑。詹天佑到位于天津和平区小白楼地区建设路四十二号的中国铁路公司担任铁路工程师。

邝孙谋可谓是詹天佑的伯乐了。邝孙谋是广东南海人，年龄很小的时候就去美国了。1882 年，十九岁的他回国，在开平铁路公司担任总经理助理，工作四年，于 1886 年担任京奉铁路助理工程师。就是在这个时期，邝孙谋以詹天佑精通铁路工程工作为由，推荐他到开平铁路公司。詹天佑跻身中国最早的一批铁路工程师。

当时中国铁路公司的总工程师是金达，英国人，他会将非常艰苦的工段给詹天佑。詹天佑为了实现自己建设铁路的理想，无论如何艰苦的工作都会出色地完成，每一项工作都令金达非常满意。

詹天佑刚到公司就负责塘沽到天津铁路的修筑工作。他亲自到工地指导工作，根据工地的实际情况制定每一个工作环节的计划，对工程质量更是严格把关。工人们在詹天佑的带领下，铺轨工程用了不到八十天的时间。在当时用这么短的时间完成塘沽到天津的铁路铺轨工作，已经是很了不起的了。詹天佑的才华初显。

这段工程完成后，詹天佑承担了更为艰巨的任务。1890年，李鸿章督办关东铁路，詹天佑被指派修建津榆铁路，即天津到山海关（榆关）的铁路。这条铁路在唐胥铁路的基础上向南延伸到津沽铁路上的林西镇。津榆铁路在这一年动工了。这个工程的一个难点就是从古冶到滦州的工段要在滦河修建一座铁桥。1892年，工程进行到这里，将很多的外籍工程师难住了。滦河水流湍急，建造桥墩是非常困难的，如果桥墩不牢固，就会在河水的冲击下晃动，桥段的承载力不够，必然会留下安全隐患，影响桥梁的使用寿命。此前，英国、德国和日本的工程人员都承接过造桥任务，但是都失败了。詹天佑面对外国人的各种舆论压力，承担起造桥任务。

詹天佑接到这项任务之后，将外籍工程人员失败的原因进行总结，经过不断测量、计算并经过试验验证之后，将设计方案制定出来。具体的做法是，将修建铁路桥的位置改变，采用气压沉箱法施工。桥墩建造工程顺利展开，滦河铁路大铁桥在预定的期限内完工。

造桥成功了，詹天佑完成了全部铁路修建工程。这条铁路修建了四年，1894年，铁路通车了。在中国的铁路史上，津榆铁路是第一项重大工程。一名三十三岁的中国工程师完成了如此具有难度的工程，让很多外国人感到不可思议。更让外国人难以置信的是，外国优秀的工程人员都无法攻克的难点，中国的工程师完成了。詹天佑声名大振，被英国土木工程师学会甄选为首位中国工程师。津榆铁路后来成为京奉铁路的一部分。

就在这一年，甲午战争爆发了，关东铁路成了战争的前线。詹天佑常常坐着轧道车在关东铁路的各个工地间巡行，保证工程的质量和进度，并没有考虑到战争时期到处都是危险重重。关内外铁路遭到甲午战争的破坏，詹天佑又承担起修复铁路的责任。

清朝政府自主修建京张铁路也是迫不得已。1905年，英国和俄国争夺京张铁路的修路权，僵持不下，就提出清政府如果自主修筑这条铁路，两个国家就都不会有异议了。詹天佑在美国留学多年，对西方的技术并没有排斥心理，但他也认识到，要摆脱其他国家的控制，不在铁路路权上受到挟制，就要自主建设铁路，真正意义地实现国家和民族的振兴。于是，詹天佑承担起了这个重任。

对于这项工程，詹天佑也不是充满自信的，即便自己的技术能力得到认可，拥有了"中国最好的铁路工程师"的名誉，依然对修建这条铁路充满了担忧。詹天佑在给自己留美时的房东诺索布夫人的书信中表达了自己的思想，他在信中写道："如果我失败了，那就不仅是我个人的不幸，更是所有中国工程师和中国人的不幸。"可见，詹天佑修建京张铁路不仅有责任感，更是怀着强烈的使命感。

詹天佑的一生中，所做的最大贡献就是修建京张铁路（北京至张家口）。外国人听说中国要修建京张铁路，而且由中国人自己设计建造，不无讽刺地说：中国能修建京张铁路的工程师还没有出生呢！结果计划修建六年的京张铁路用了四年的时间就修建完毕了，积贫积弱的中国因为京张铁路的胜利而重新建立起自信，也提升了民族自尊心，向所有的外国人见证，中国不仅可以自主设计修建铁路，而且工程技术水平非常高。

慈禧太后祭祖专用的西陵铁路

1900 年，八国联军侵华战争开始了，慈禧太后不得不离开北京，带着光绪帝逃到河北怀来县。怀来县的知县吴永没有逃走，听说慈禧太后和光绪帝来到这里，就想尽各种办法照顾两人的起居，并承担起保驾的责任。慈禧太后与光绪帝在怀来县小住两天，看到没有议和的希望，就继续西行，一直跑到西安。

慈禧太后在西安要求奕劻与李鸿章代表清朝政府与外国侵略者谈判。1901 年奕劻与李鸿章作为全权代表签订了《辛丑条约》，八国联军退出北京，慈禧太后才离开西安。慈禧太后经历了一年半的逃亡生活，终于在 1902 年一月回到了北京。她回想起自己被八国联军追得仓皇躲藏，过着朝不保夕的日子，将大清王朝的体面都给丢尽了，感到愧对列祖列宗，于是就想到清东陵、清西陵向祖宗"请罪"。慈禧太后的祭祖扫陵计划很快就实施了，在当年的四月份拜谒清东陵。东陵在敦化县的长城脚下，往返的路程大约二百五十公里。此时的慈禧太后已经六十七岁了，虽然身体很健康，也不需要自己走路，但是，銮驾长途颠簸也是很累的。这位"老佛爷"从敦化回来，对于去西陵"祭祖"有些犹豫。西陵比东陵还要远，去东陵尚且如此劳累，参拜西陵就需要从长计议了。

慈禧太后有过坐火车的经历。西安回北京的途中，她饱受颠簸之苦。此时，京汉铁路已经铺到了今河北保定，就有人建议慈禧太后到保定乘坐火车回北京。慈禧太后向来对火车很排斥，但也感到自己劳累不堪，这是最好的选择了，就决定从保定乘坐火车到北京。袁世凯得知后，就开始准备迎接慈禧太后的专列。慈禧太后这次坐火车的感觉是非常好的。火车是长辛店机车厂装修的，非常豪华。车厢内壁用黄绸缎子装饰，车厢中雕龙刻凤，座位与宫中的宝座一样。这辆火车共二十一节车厢，负责驾驶火车的是法国人祚曼，袁世凯亲自护驾。不到一天的时间，火车就到达了丰台的终点车站马家堡。这次乘坐火车的经历令慈禧太后非常满意。

想到坐火车要比坐轿舒服一些，慈禧太后就决定到西陵"祭祖"坐火车去。于是，慈禧太后就宣布次年的清明节要去清西陵"祭祖"。

当时的袁世凯是直隶总督，听说慈禧太后要在次年的清明节去清西陵"祭祖",为了讨好慈禧太后,就建议修建一条可以直接到达清西陵的铁路,这样,太后就可以避免远途劳顿之苦了。袁世凯说出了自己的想法,就是在京汉铁路(卢汉铁路)的高碑店站修建一条支线铁路,直接到达梁各庄,慈禧太后就可以乘坐火车到梁各庄附近的西陵了。

京汉铁路并不直接到易县的清西陵,火车到达高碑店,从高碑店到易县清西陵还有四十公里的路程。袁世凯很善于揣摩慈禧太后的心思,就奏请修建一条专门用于皇室祭祖的西陵铁路。慈禧太后立即准奏了。

这条铁路是从原河北省新城县的高碑店到易县梁各庄附近的清西陵,因此又叫"新易铁路"。慈禧太后让袁世凯负责修建新易铁路,而且要六个月内竣工,时间非常紧张。袁世凯聘请英国的工程师金达主持修建这条铁路的工作。法国公使对这个决定非常不满意,向清政府提出了抗议。当时修建京汉铁路向比利时贷款,法国是主要的后台,注入了百分之八十的资金。新易铁路是京汉铁路的一个分支,就要由法国的工程师主持这项工作。英国对法国也不想做出让步。八国联军侵略中国,英国和法国都参与其中,现在他们为了修建新易铁路发生了争执,袁世凯很是为难,就放弃了聘用外国工程师的想法,决定由中国人自己修建。梁如浩为新易铁路的总办,詹天佑担任总工程师。当时梁如浩对铁路工程技术不是很懂,所以,就由詹天佑全盘负责。

1902 年,正当詹天佑忙于修建关东铁路的时候,慈禧太后要修建祭祖专用的西陵铁路，以方便扫墓。詹天佑很意外地接到这项特殊的任务。西陵铁路最初规划并没有经济意义，但修建这条铁路是很有价值的，可以说是修建京张铁路的前期准备工作。

詹天佑修建新易铁路面临的困难包括三项：其一，工程施工是有季节性的，当时已经进入十一月份，天寒地冻的，很难施工。其二，施工材料不足。慈禧太后突发奇想下令修建铁路，没有准备材料的时间，而且当时交通工具不发达，运输材料也是非常困难的。其三，工程期限很短。英国和法国为了修建这条铁路已经争执了两个月的时间，这两个月就白白荒废了。六个月的时间就剩下四个月了，原本修建铁路困难重重，工期短无异于雪上加霜。

詹天佑不仅专业技术精湛，组织能力也非常强。他制定了周密的计划，对工程施工场地细致勘测，五千多民工参与施工。詹天佑在工作中还能够从工程实际出发对各种困难灵活解决。这项工程的施工，就好像是一场"会战"一样，詹天佑带领工作人员日夜不停地施工，工地上总会看到詹天佑忙碌的身影，而且一忙起来就是十多个小时。

终于，1903年二月，这条铁路竣工了。袁世凯对铁路验收后，向慈禧太后报告，六个月的工期仅仅四个月就完工了，使用的资金不超过六十万两。这条铁路线从高碑店站引出，向西延伸，跨过南拒马河和易水支流，到达梁各庄，这里是距离西陵最近之处。铁路的全长为四十二点五公里。由于这条铁路是从高碑店站引出的，因此也被称为"高易铁路"。

1903 年的清明节，慈禧太后乘坐西陵铁路专列到清西陵祭祖扫陵，非常高兴，下令表彰奖励了参与修建铁路的詹天佑等人，将瑞士钟表珍品赠送给詹天佑。

新易铁路是大清皇室的祭陵专线铁路，慈禧就用过这一次。1909 年，光绪驾崩安葬到西陵，也发挥过一次作用。1912 年，清王朝被推翻，这条铁路就成了历史陈迹。

新易铁路不是一条重要的铁路，因此在铁路史专著中一般没有详细记载。但是，新易铁路是中国的工程师自主设计和建造的第一条铁路。对于詹天佑而言，自己的才华得以施展，为他两年后被任命为京张铁路工程总工程师奠定了基础。

给慈禧太后开火车的张美

张美儿时家庭贫苦，祖父是海上遇险渔民，漂流到河北，在宁河县的新河镇定居下来。父亲是水手帮工，在远航木船上工作，母亲靠洗衣服和做针线活挣点生活费。由于家庭经济困难，张美在年龄很小的时候就在海边给渔主当帮工，给家里赚点贴补钱。张美的水性很好，能在海上游二十五公里。海边经常会有铁路上的英国员工来打猎，英国人击落水鸟，张美就在海水里面捞，可以得到一些酬金，也学会讲几句英语。张美非常聪明，头脑灵活，英国人很喜欢他，就问他愿不愿意当童工，可以挣更多的钱。就这样，张美进入到京奉铁路当了一名童工。当时是1889年，张美十三岁。张美在这里的工作是擦车，以他的个头，够火车的大轱辘都很勉强。后来，张美就做烧火的工作了。张美工作很勤快，不怕脏、不怕累，还会说点英语，就被送到"机务传习所"学习开火车。转眼五年过去了，张美毕业了，这一年他十八岁，是最年轻的司机。张美做过很多工作，从一名钉道车司机，逐渐升职，依次做过监工、工务员，之后当过机车段长、总稽查、视察员、厂长等。张美还做过詹天佑的下属，得到詹天佑的欣赏。

1903年，慈禧太后要乘坐舒适安全的火车到西陵祭祖。修建铁路的过程中，袁世凯命铁路总公司督办大臣盛宣怀特制御用龙凤车一列，还要选择一名技术超群的中国司机。中外铁路专家在推荐的几名司机中筛选，最后盛宣怀确定了二十六岁的张美。张美是中国的第一代火车司机，驾驶水平非常高。奏明慈禧太后，慈禧太后赏给火车司机一件黄马褂、蓝顶花翎一顶，封知府衔。

对于张美，虽然推荐人一再打保票，说张美虽然年轻，但是火车驾驶技术高超，而且经验丰富，在京津一带铁路上是首屈一指的，但这次任务对于盛宣怀而言非常重要，他对这个年轻人依然有些不放心。当时盛宣怀与袁世凯之间有些矛盾，盛宣怀总是被袁世凯的势力攻击，试图夺走盛宣怀创办的事业。盛宣怀为了将这件事情做到尽善尽美，事事都是亲自监督完成。

张美在开火车之前，得到了二品大员盛宣怀的召见。盛宣怀一再叮嘱，送慈禧太后到西陵祭祖，不可以有任何的闪失。他在这个差事上已消耗了三百万两白银，不仅关乎张美的身家性命，也关乎盛宣怀的身家性命。

张美认识到开火车事关重大，就答应盛宣怀一定要把火车开好。盛宣怀将慈禧太后所赐之物交给了张美，之后，非常严肃地说：火车上除了你之外，其他的工役都需要半跪着操作。

这个年代的火车结构设计简单，只有机车才会有制动装置，火车的车厢都没有安装刹车设备。火车的启动、停止、速度调节、上坡、下坡、遇到紧急情况的处理等，都要凭借司机的技术和经验。要将慈禧太后的专列开得四平八稳是非常不容易的。

张美在工作中是一丝不苟的。他将机车走行的全部零件都检查了一遍，每颗螺丝都要检查到。启动列车后，为了让列车平稳运行，张美叮嘱司炉工一定要努力加煤、烧火、让机车的炉膛中的气压保持在四十磅。四十磅气压已经到了极限，这是很危险的。如果把握不住这个极限，气压稍稍高一些，就会引起炉膛爆炸。可是，炉膛的气压达不到四十磅，火车的运行中要保持平衡是很难的。

张美在驾驶机车的时候沉着冷静，火车平稳地启动和停车，慈禧太后没有颠簸感。张美给慈禧太后开火车，真是等于上战场一样，生死攸关，还用全家人的性命做赌注。火车正常行驶，从北京到达西陵，本来一天一夜就足够了。张美为了安全平稳起见，让火车行驶了三天三夜。火车到达目的地后，慈禧等走下火车，乘坐銮轿去西陵。在返回的途中，慈禧有些心急，就催促张美加快速度。张美不敢怠慢，就将火车行驶的速度提高到最快，凭借高水平的驾驶技术，一天的时间就将慈禧太后一行人送回到北京。

慈禧太后非常高兴，传谕：火车司机开车平稳，车上的古玩珠宝没有一样震动，赐给司机张美三百两白银，封官加爵。张美不愿意做官，就又回到铁路上当火车司机了。

几年后，中国的第一台蒸汽机车试制成功，张美开上了中国人自己的火车。

学非所用

詹天佑在十一岁时就考取了首批官派幼童到美国留学的资格。詹天佑在美国学习了九年，先后在威哈吩小学、弩哈吩中学读书，1881年他以优异成绩毕业于耶鲁大学谢菲尔德理工学院的土木工程系铁路建设专业，他的毕业论文题为《码头起重机的研究》，通过答辩，获学士学位。这一年詹天佑二十岁，从耶鲁大学毕业后就准备回国。按照清政府的幼童留学计划，詹天佑等留学生还需要在美国学习六年，接受实习。但是，清政府突然将这个计划取消了，所有的留学生都要撤回。1881年，这一批留学生回国了。詹天佑到上海的第一天，就听说曾国藩已经在1872年去世了，靠镇压太平天国起家的淮系军阀李鸿章接任北洋大臣。

这些幼童在十二三岁就去美国了，当时的价值观还没有形成，到美国后，在美国文化环境下，思想观念和生活习惯被同化是必然的。为了避免遭美国人的白眼，他们一些人脱下了中式服装，穿上了美式服装，一些人还将长长的辫子剪掉了。

对于此，清政府非常担心留学生被"全盘西化"，1881年慈禧下令，所有的留学生都要回国。虽然耶鲁大学的校长朴德（Porto）对清政府的这种做法提出异议，但依然没有阻止这些留学生回到中国。十五年幼童留美计划就这样夭折了。在美国耶鲁大学就读的二十二名留学生中，只有詹天佑和欧阳庚完成了学业。容揆和谭耀勋提出抗议，执意要求留在耶鲁大学完成学业。李恩富和陆永泉被召回后，又回到美国耶鲁大学完成学业。在一百二十九名留美幼童中，九名由于不守纪律被遣返回国，二十六名执意不回国或者病故，剩下的九十四人都在1881年分三批被遣送回到中国。

久别祖国的留学生到达上海，虽然是多年留洋重归故土，没有鲜花和掌声迎接他们，而是像犯人一样被押解上岸。之后，从上海搭乘轮船到天津的北洋大臣衙门报到，听从清朝政府的分派。

当时是夏天，詹天佑与同学到达天津后，有门路的都去找门路了，家境好的同学住进了舒服的大旅馆。詹天佑家庭贫寒，只能住进海河边的一家小客栈。房间闷热，詹天佑的浑身都在流汗，非常不舒服，心情很烦躁。

詹天佑的成绩优异，受到老师容闳的赏识，回国的时候，容闳亲笔书写的八行书（书信，旧式信纸多用红线直分为八行）还装在他的口袋里，是送给当朝某权贵的。容闳希望詹天佑能像伊藤博文一样使国家进步，让中国走向富强。詹天佑不愿意将这封信拿出来，认为这样做很羞愧。詹天佑的学习成绩很好，可是与正监督吴子登之间却产生了矛盾。吴子登是顽固派，认为留学生是"离经叛道"的。

几天后，留学生们被戈什哈（护卫）引进北洋大臣的衙门，坐在那里的李鸿章看着这些留学生，只见一个个站没站样、袍褂不整，简直不成体统。他当时心里就想，靠这样的学生富国强兵，怎么可能呢？李鸿章要当场教训这些留学生一番，转念一想，这些人与朝廷中的大臣都有交集，一些人还送了见面礼和八行书，不能得罪，于是忍住了。当李鸿章看到詹天佑的时候，只见詹天佑西装革履，还没有辫子，就更不顺眼了。他查看了一下花名册，知道这名留学生的名字叫詹天佑。猛然间，就想起吴子登在书信中曾经说过的话，如果这些留学生学成回国了，不仅不会报效国家，反而会留下无穷的祸患。想想这些话，再看看这些帽歪辫斜的留学生，李鸿章的怒气涌上来，就拍着桌子大骂："离经叛道，无父无君！"

李鸿章的粗暴态度让詹天佑很反感，本想反驳，却忍住了。戈什哈大声喊道：送客。李鸿章接见留学生就这样不愉快地结束了。

詹天佑回到客栈，就将容闳给他的八行书烧毁了。几天后，北洋衙门发榜了，詹天佑被派往福州船政局，在福建船政学堂学习轮船驾驶课程。即便是学非所用，詹天佑也仅用一年的时间以第一名的成绩结束了学业，开始进入到实习阶段。詹天佑在福建水师"扬武号"上实习，担任驾驶员，之后被调到学堂当老师。由于他学识丰富，教学上表现出色，获得了清政府五品顶戴奖。1884 年十月，张之洞请詹天佑到广州黄埔广东实学馆教英语，还奉命请他勘测绘制《广东沿海险要图》，这是中国的第一份测绘海图。詹天佑虽然在回国后获得一定的成绩，但是他所钟爱的是铁路建设。即便长达七年的时间都是学非所用，但是，詹天佑始终关注国内的铁路建设情况以及国外的前沿技术。

在同学的引荐下，詹天佑进入到铁路建设领域。京张铁路建设的成功，使詹天佑积累了筑路经验，进入到铁路建设主干道。

培养新一代的糊棚匠

　　容闳是中国近代著名的教育家，被后人誉为"留学之父"。1850年，容闳考入美国耶鲁大学（当时称为"耶鲁学院"）。他是考入这所高校的第一个中国人，也是到美国留学的第一批中国留学生之一。1854年他毕业回国，回国后，对中国科学技术与美国之间的巨大差距深有感触，认为应该有更多中国人走出国门，到国外增长见识，学习技能，回国报效国家。

　　经人介绍，容闳认识了曾国藩。曾国藩想让容闳到自己手下当一名军官，容闳说自己做不了，没学习过军事。曾国藩对容闳的回答非常满意，认为容闳是一名诚实的人。容闳对曾国藩提出了"幼童留美"计划。当时正举行洋务运动，朝廷内以恭亲王奕䜣为代表，地方以曾国藩、李鸿章、左宗棠、张之洞为代表，与容闳派留学生出国学习科学技术的想法一致。容闳将自己的幼童出国留学计划向曾国藩提出来，曾国藩与李鸿章将这一计划上奏给清政府，明确派遣中国幼童到美国学习科学技术，回来报效国家的计划。

　　此时的中国国内局势趋于稳定，容闳提出从幼童开始培养的想法正合时宜，得到洋务派大臣曾国藩、李鸿章的支持。

按照这一培养计划，选派十二岁至十五岁的男幼童出洋留学，先派出一百二十名男幼童做实验，每年派出三十名，分四年完成派出计划。这些幼童在国外的学习期限是十五年，留学生的费用从海军军费中拨出，专款专用。清政府在美国设立留学生事务所，设置有正负监督官，对留学生的各项费用进行管理。计划提出后，1870 年获得清政府的批准。

第二年，容闳在上海招生。考虑到出国留学吉凶难测，没有派出皇室和官员子弟，全部都是平民子弟。所有被选派幼童都在上海的预备学校学习英语。

这些学生在上海学习一年后，于 1872 年八月在监督陈兰彬和副监督容闳的带领下赴美留学，詹天佑就是其中的一名。到 1875 年，一百二十名留学生全部派遣完毕。

这些幼童从上海乘船，穿越太平洋到达美国旧金山，之后乘坐火车到美国的新英格兰地区开始了学习生活。幼童们小小年龄就身处异国他乡，难免想家，而且不适应这里的生活习俗，语言交流是最大的障碍。随着时间的推移，孩子们将各种困难都克服了，学习都很认真，且成绩优异。这些孩子中，多数都是学校的佼佼者，其中不仅有与美国大文学家马克·吐温（Mark Twain）密切交往的留学生，而且他们还得到了美国总统格兰特的接见。1880 年，这些留学生中，考入美国名牌大学的超过五十名，其中，考入耶鲁大学的二十二名，考入麻省理工学院的八名，瑞萨莱尔理工学院的六名，考入哥伦比亚大学的三名，还有一名留学生被哈佛大学录取。这些留学生表现优异，不辱使命。但是，保守派对派遣留学生出国持反对意见，说这些孩子已经被西化，不愿意穿中式服装，改穿西装，还剪掉辫子，对四书五经不感兴趣，信奉基督教，甚至还养成了西方的生活习惯，吃洋餐、约会、开 party、打球、说洋话，真是离经叛道。

虽然在这个计划启动之初，李鸿章一再强调一定要坚持到底，不会让计划"流产"，但是，随着李鸿章对留美幼童计划的进展越来越失望，清政府于1881年六月二十八日要求所有留美的学生都要回国。中国第一次官派留学失败。

容闳对此痛心疾首。他到天津见李鸿章，指责他没有竭力保全自己的事业。但是，容闳并不知道李鸿章对自己的这个决定也感到很痛苦。李鸿章这个老糊棚匠希望培养一批掌握西方技术文明的青年糊棚匠，同时还要保留传统的儒学教育，否则，即便洋学修得再好，对国家的发展也是没有好处的。当李鸿章得知幼童们在美国接受的西方教育不符合清朝旧体制的时候，就对这个计划转变了态度。李鸿章曾竭尽全力支持留美幼童计划，顶着近十年的朝野舆论压力，这些幼童成为举国士大夫心目中的"思想犯"，这让李鸿章情何以堪？

容闳幼年的时候家境贫寒。当时的澳门教会女校由于招不够人，也招收男生，不收学费且包食宿，容闳在这里读书。学校停办后，容闳辍学两年又进入马礼逊学校读书。这些学校都是教会学校，用双语教学。1846年，马礼逊学校负责人塞缪尔·布朗要回美国度假，就带上容闳与黄宽、黄胜到美国留学。这一年是 1847 年，容闳还不到十九岁就踏上了美国的国土。漫长的海外生涯，让容闳的思想完全西化，成了一个美国人，有美国国籍。1849 年，容闳考入耶鲁大学，校董会要以其回中国当传教士为条件为他提供奖学金，被容闳拒绝。在塞缪尔·布朗的干预下，校董会还是为容闳提供了助学金。1854 年，容闳学成回国。

曾国藩、丁日昌等奉旨到天津处理"天津教案"事宜，容闳是翻译。丁日昌与容闳关系非常好，催促容闳向曾国藩提出"留学计划"。

对于这个计划的真实意图，曾国藩并不清楚。容闳是希望通过派遣留学生的方式，让更多的中国人学习西方国家的强国技术，借此改造陈腐的东方文化，造就新的"少年中国"。曾国藩则希望通过这种方式复兴大清帝国。

由于幼童在美国接受的教育已经背离了清政府的初衷，因而慈禧对留美幼童事业非常不满，想撤回留美幼童。

李鸿章的意见是"半撤半留"，要求将留美幼童事务的专门机构裁撤，部分学生撤回国，进入大学即将毕业的学生，由驻美使馆代为管理，毕业后令其回国。总理衙门收到李鸿章的意见后，上奏朝廷，请求将所有留美幼童全部撤回。当年，曾国藩向朝廷提了这个留学建议，李鸿章极力敦促曾国藩专门上奏。1872 年，当第一批幼童留美启动之时，曾国藩去世了。李鸿章一个人顶着来自顽固派的压力。当第三批留美幼童派出的时候，举朝士大夫以开销太大为由不主张派遣幼童，李鸿章依然坚持这个计划。即便是 1877 年美国物价上涨，李鸿章依然坚持着，为的是造就人才，促进国家发展。直到 1879 年，李鸿章得知留学生的情况，他所坚持的"中学为体，西学为用，不可偏废"没有在幼童教育中体现出来，态度由此发生了转变。

幼童到美国后，中文的学习没有问题，容闳也非常重视这一点，希望这些幼童学成回国后，能够缔造少年新中国。陈兰彬对幼童们的穿着打扮和思想观念非常不满，甚至还有学生加入基督教，他就更是无法接受了。

1879 年，吴嘉善作为留学监督在华盛顿使署召见留学生，这些学生竟然没有行跪拜礼，结果事态变得严重了，此事件被定性为"适异忘本，目无师长"。留学生回国得到李鸿章的召见，他们依然没有行跪拜礼，李鸿章也无法原谅。这些留学生很小的年纪就到美国接受近代教育，对于儒家的礼仪规范是不会理解的。

幼童撤回后，容闳责备李鸿章。李鸿章反问："你为什么任由留学生回国？"

容闳说："我以为总督是赞成这么做的。"

李鸿章反驳："不是这样的，我认为你能坚持不让留学生回国，依然留在美国求学，所以我是寄希望于你的，你可以阻止学生，不让他们回来。"

容闳对李鸿章的话非常惊讶，说："总督竟然没有反对的意思？我在遥远的国外，怎么能知道总督心里是怎么想的？"

艰难的勘测

世界铁路建设史上，最让中国人骄傲和自豪的铁路就是京张铁路，这是中国用自己的资金自主设计和修建的铁路。1909 年，詹天佑挑起修建这条铁路的重担，在中国的铁路史上留下了光辉的一页。

慈禧太后要到西陵祭祖，又烦恼于奔波之苦，想乘坐火车去。清政府紧急筹备京汉铁路高碑店站到梁各庄的支线。关内外铁路总办梁如浩是詹天佑的留美同学，推荐詹天佑承担这项任务。当时已经进入冬季，冰天雪地的环境并没有难住詹天佑，他亲自指挥工程施工，提前竣工。这个工程让詹天佑崭露头角。

京张铁路连接北京和张家口，其中的张家口是通往内蒙古的多条重要道路的汇合处。一些在华外国势力认识到这条铁路的重要性：占有京张铁路路权，不仅可以获得经济利益，还可以在军事上占有优势。英国与俄国的争夺僵持不下，最后提出，如果清政府不借用外债，不需要外国人参与修建，而是由中国人自主修建，英国和俄国都不会干预中国修建这条铁路。英国和俄国都认为清政府没有能力修建铁路，最终还是要求救于外国人。他们就静观其变，等着中国人自己修建铁路陷入僵局之后请求他们救援。

1905 年，清政府任命詹天佑担任京张铁路的总工程师。由于这条铁路的地质环境以及所存在的施工困难，英国和美国的铁路专家都认为无法修建铁路。而清政府宣布由中国人自主修建，必然遭到外国铁路权威的嘲讽。面对各种猜忌，詹天佑挺身而出。

外国铁路专家深知修建这条铁路的艰难，那种轻蔑的态度就源于此。他们认为，京张铁路的修建中要攻克悬崖峭壁、高山深涧，如此艰巨的工程，即便是各国著名的工程师也很难承担起来，何况是缺少经验且技术不够精湛的中国人。

很多人并不知道，詹天佑在修建京张铁路工程之前，已经在中国铁路建设中工作了十七年，参与了津通铁路的测量设计，参与了修建天津到山海关的铁路，还参与修建了滦河大铁桥。詹天佑不怕嘲笑，也不怕吃苦，接受任务后就开始实地勘测。

正当詹天佑为修建京张铁路进行筹划的时候，慈禧太后突然决定要在颐和园过生日，且要坐着火车去，需要詹天佑在她生日（十月初十）之前修建完成一条万寿山支线，规定十月初一交工。此时距离慈禧太后的生日不到五个月的时间了，修建万寿山支线是非常困难的，很难完成。詹天佑在领导京张铁路的修建工作的同时，还要承担万寿山支线的任务。

当詹天佑将万寿山支线的勘察、测量和设计工作完成后，明确指出在规定的时间内修建完成这条铁路是很难的。慈禧太后听说这种情况之后，出乎意料地表示不用抢修万寿山支线了。詹天佑放松了许多，就将全部精力都集中在修建京张铁路上了。

京张铁路的修建中，从南口到青龙桥山势陡峭、坡度很大，是最困难的一段，更重要的是，这段铁路还需要修隧道。詹天佑每天都与工程技术人员进行实地勘测。山道不好走，毛驴成了主要的交通工具。詹天佑的勘测工作是风雨不误的，即便是狂风骤雨也无法让他的工作停止。崎岖的山间小路上总是能看到他背着标杆和测量仪的身影。下大暴雨的时候，无法测量，他和工程技术人员们就在崖石下躲着，天气晴朗了继续工作。

由于地质环境复杂，詹天佑在勘测的过程中，还要做好周密的计算工作，诸如铁路的修建中需要开山、架桥、将陡坡铲平、将弯度改小等各项工作，都要依据实地勘察和计算。艰苦的工作环境中，詹天佑总是勉励工作人员：工程技术人员的各项工作都要准确无误、精益求精。

一天傍晚，八达岭一带刮起了西北风，非常猛烈，将沙石卷起来，测量队的工作人员已经睁不开眼睛了。一名工程技术人员在岩壁上勘测，着急结束工作，将测得的数字记下来后，就下来了。詹天佑接过本子，看着记录的数字，疑惑地问这名工程技术人员："数据准确无误吗？"这名工程技术人员说："差不多。"詹天佑严肃起来说："我们的工作不能有任何的差错，要做到精益求精，数据要精确，工程人员不能满足于'差不多''大概'。"说着，詹天佑就背起仪器，尽管风沙很大，还是吃力地攀到岩壁上，重新勘测，将误差修正过来。下来的时候，詹天佑的嘴唇已经冻青了。

詹天佑总是亲自上阵勘测，用标杆和经纬仪在峭壁上定点，认真测绘。勘察环境的恶劣程度是难以想象的，特别是塞外，总是狂风大作，黄沙被风带起，悬浮在空气中，不小心就会有跌下悬崖的危险。即便如此，詹天佑还是坚持亲自上阵。白天勘察线路，晚上将勘察的资料进行整理、总结，在油灯下绘图，一遍又一遍地计算、核对。为了能够选择一条最合适的铁路线路，詹天佑经常向当地人请教。当遇到困难的时候，詹天佑总是提醒自己：这是中国人"自主设计和建造的第一条铁路"，不能让外国人耻笑，一定要建好这条铁路，让中国的工程师充满自信。

詹天佑与工程技术人员历尽各种艰险，勘测出三条线路。

第一条线路是关沟线。从南口至岔道城，长度为二十二公里，途经居庸关、青龙桥、八达岭。这条线路悬崖峭壁比较多、坡度大，道路险要，工程量也大，而且还存在运输难的问题。

第二条线路是热河线。从青龙桥转向东北方向，途经十三陵，到达延庆，这条线路绕过了八达岭。线路的长度为三十七公里。虽然线路比第一条线路长了十五公里，但是坡度平缓，施工的难度也降低了。由于绕过了八达岭，就省去了开凿隧道的工程。但是，其中的一个难点就是没有运输物料的路，要根据施工需要修建，这样会提高人、财、物的成本，而且还浪费时间。

第三条线路是丰沙线。从西直门向西，途经三家店到沙城附近，出山后就到达张家口。这条线路绕过了石景山。这是一条相对理想的线路，山势峻峭，虽然坡度比较小，但是要修建的隧道比较多，六十五孔，需要消耗大量的工程费用。此外，修筑铁路还需要经过大量坟地，会遇到很多的阻碍。

詹天佑对这三条线路反复比较，多方面思考，最后选择了关沟线路。

1906年五月，詹天佑给美国留学时的"家长"诺索布夫人写了一封信。

詹天佑十二岁时到美国留学，就在诺索布夫人家里寄居。诺索布先生是"海宾男生学校"的校长，诺索布夫人在这里教学，她这一年是四十二岁。詹天佑在诺索布夫人家里生活，她给了詹天佑慈母般的爱，对詹天佑的影响是非常大的。詹天佑在这里生活了九年，直到1881年回国，詹天佑与诺索布夫人依依惜别。回国后的詹天佑经常与诺索布夫人书信往来。这一次的书信中，詹天佑表达了京张铁路对所有中国人以及中国工程师的重要意义。

信中写道：

亲爱的诺索布夫人：

我现在已经是七个孩子的父亲了——三女四男！我现在任"京张铁路总办兼总工程师"。本路长约一百二十五公里，将开凿隧道三处，其中最长的为四分之三英里。本路全部由中国工程师负责修建之铁路，企望吾人能顺利完成！……

自动挂钩法

1905 年九月，京张铁路正式开工，十二月十二日开始铺轨。在丰台车站铺轨的时候，一件意外的事情发生了，一列工程车在运行的过程中，一个车钩链子突然折断了，导致火车脱轨，大费周折才恢复原状，影响了部分列车的正常行驶。一些外国人都不相信中国自己能修建铁路，这件事情就成为了中国不能自建铁路的见证，于是各种诽议从四面袭来，对脱轨翻车的事情大肆渲染。詹天佑并没有被舆论吓倒，而是集中精力想着技术上的问题：这条路的坡度非常大，车厢之间如果没有连接牢固，就很容易发生事故。于是，詹天佑就想到了改进车钩的办法。为了解决这个问题，詹天佑提出采用自动挂钩法。

詹天佑的想法让保守人士知道了，都讥笑詹天佑不自量力，连世界上通用多年的车钩也要改。詹天佑认为，明知道有缺点却不愿意改正，这才是最可怕的事情。在詹天佑看来，铁路需要标准的轨距、坚固的路基，列车的车厢之间还要连接牢固。京张铁路需要穿越高峻险陡的地方，当爬上高地或者曲线运行的过程中，所有的车厢都要牢固连接为一体，这是列车运行安全的基本保证。通用的链子很显然满足不了京张铁路的火车运行需求。

詹天佑开始对火车各部位的结构进行研究，经过三年的刻苦钻研，不断设计、修改，一种新式的自动挂钩应运而生了。在八达岭"人"字形铁路的修建中，这种挂钩发挥了很大的作用。由于挂钩上安装了弹簧，只要两节车厢轻轻一碰就可以自动连结，两个钩舌相互之间咬得很紧，使得车厢形成一体，保证了火车运行安全。当车厢之间分开的时候也是非常方便的，人在线路外面站好，将提钩杆、抬车钩链起，就可以将两节车厢分开。

詹天佑用自动挂钩法顺利地解决了折断的问题。

很多人都认为这项发明是詹天佑的专利，其实詹天佑是这项专利的推广者，并不是发明者。"自动挂钩法"是美国工程师詹内（Janney）发明的，而且还将这种车钩用他的名字命名为"Janney Coupler"（詹内车钩）。火车车厢之间本是用铁链子拴着的，当车厢爬坡或者曲线运动的时候，由于接头不是很牢固，加之铁链缺乏弹性，就很容易被拉断，造成车厢脱节，这是非常危险的。詹内思考着如何让车厢连接起来简便一些，而且又牢固，于是就发明了这种自动挂钩法。《詹公天佑工学文集》中《新编华英工学字汇》，在第一百二十五页中就有詹天佑的译文。Janney 的标准译法应该是"詹内"，但是为了与自己的姓区分，詹天佑就翻译为"郑氏车钩"。后来社会上流传的"珍氏自动挂钩"中的"珍"，其实就是美国的"詹内"。对于这项发明，詹天佑在自己的书中已经明确说明是从国外引进的，然后他建议对这项技术进行推广。

1906 年九月三十日，京张铁路的第一段工程全线通车了。

竖井开凿法

京张铁路第二段工程开始后，修建铁路进入到艰难的阶段。需要打通四条隧道，即居庸关、五桂头、石佛寺、八达岭四条隧道，八达岭隧道是最长的，全长一千零九十一米。修建这些隧道工程的测绘和施工中，不仅需要精确的计算，正确的指挥，还需要一些新式的机械设备，诸如开山机、抽水机、通风机等。詹天佑对测绘、计算和指挥都非常有信心，而所需要的机械设备全无，于是就只能依靠手工操作了。

居庸关地势险峻，詹天佑采用了对凿的方法，从两端同时向中间凿进。他将凿炮眼和下炸药的方法亲自教给凿工。

当开凿到距离洞中几十米处的时候，出现了山顶泉水渗透的问题，洞中非常泥泞，不能使用炸药。在没有抽水机的情况下，只能用水桶挑水，詹天佑就身先士卒，带领工人挑着水桶进行排水作业。为了避免出现两壁和顶部的土方塌落的现象，边墙环拱都用水泥砌上，形成水沟，将积水排除。采用这种施工方法实现了六个工作面同时进行，不仅施工的进度加快，而且还可以保证施工的质量。在进行凿洞施工的过程中，因为没有先进的机械设备，需要人工一锹锹地将石块挖出来，直挖到两端相接处。詹天佑虽然是总工程师，却没有一点架子，与工人共同干活，挖石头、挑水，一身污泥一脸汗。他还经常鼓舞大家：这条铁路是我们中国人自己修建的铁路，而且是用自己的钱修建的铁路，我们一定要成功，不让全世界的人耻笑！1908年四月十二日，居庸关隧道凿通。

　　勘探和施工最难的是在八达岭和青龙桥一带，这一带到处都是陡壁悬岩，无从下手。八达岭隧道最长，单纯地采用对凿的方法是不行的。詹天佑对精确测量的数据进行计算之后，决定这段工程采用分段施工法开凿隧道，就是从山的南端和北端对凿，同时进行，在山的中段开出一口大井，之后在井中分别向南端和北端对凿。

　　詹天佑要求在隧道的中部开凿竖井，从竖井同时向两个方向开凿，这样整个隧道的两头也同时向隧道里边凿进，使整个隧道分成三段。当时的施工中缺乏运输设备，包括运载工人上下竖井、运送器材和炸药、将土石和积水运出等。由于没有升降机，就使用民间辘轳架替代。将辘轳架安装在井口，人工操作升降。隧道中没有抽风机换气，空气污浊，詹天佑就将扇风机架在井口，使用铁管将新鲜的空气运送到隧道中。詹天佑总是想到工人，尽量为工人们创造好一些的工作环境，工人们都很拥护他，工程进度也加快了。1908年五月十二日，八达岭隧道凿通。

詹天佑采用这种"竖井开凿法"将工期缩短。1908年九月，第二段工程完成。

1906年十月，詹天佑给诺索布夫人的信中写道：

亲爱的诺索布夫人：

我承担修建京张铁路是很幸运的。现在的中国已经逐渐觉醒，急需修建铁路。现在全国各地都在征求中国工程师，中国要自主修建属于中国的铁路，用自己的资金，由中国人设计、建造。好像我是中国最佳的工程师一样，所有的中国人和外国人对我的工作高度关注。如果这次修建铁路的任务失败了，不仅是我个人的不幸，也是所有中国人的不幸，是全体中国工程师的不幸，将意味着中国工程师们不再被信赖！

在我接受这项任务之前，以及承担这项任务之后，很多的外国人都已经宣称中国工程师没有能力承担这么艰巨的任务，因为修建这条铁路的过程中，还要开山凿石，还要修建非常长的隧道。

我全力以赴，到目前为止已经修建一段。随信附上一份剪报，使您知道当年纽黑文（在美国康涅狄格州）的一位中国幼童在您的监护下成长起来，现在正在承担一项重要的任务，并竭力完成。这名幼童的早期教育完全受惠于您！

"人"字形轨道

京张铁路路段中，南口到八达岭之间的路段是最陡峭的。火车的最高爬坡率一般是千分之二十五，特殊路段可达千分之三十，但这一路段的坡度已经达到了千分之三十三。

按照国际上普遍使用的设计方法，铁路每提高一米，就需要经过一百米长度的斜坡，将铁路的线路延长。但为了压缩资金，就要将铁路的线路缩短，按照詹天佑设计的线路，铁路每提高一米，只需要修建三十三米的斜坡。地面坡度大了，火车怎样才能爬上山呢？这成为詹天佑整天冥思苦想的问题。

为了保证火车安全地爬上八达岭，詹天佑创造性地运用"折返线"原理，在青龙桥地段设计了横过来的"人"字形线路（"之"字形线路），通过延长水平距离换取垂直的高度。在"人"字的"顶端"是青龙桥车站，京张铁路上的列车都要到青龙桥车站，车尾变成车头，调转火车运行的方向继续前行。这种"人"字形轨道的设计，使得铁路线路的坡度降低到百分之二十八，火车的爬坡问题得到解决，而且隧道的长度也从原来的一千八百米缩短到一千零九十一米，工程进度因此加快，工程缩短了两年，而且还节省了十万两银子。

那么，如此长的列车，到达"人"字的"头部"——青龙桥车站的时候，是如何"车尾变成车头"的呢？詹天佑采用"双机牵引"，就是一列火车使用两台机车，头部一台机车，尾部一台机车。在火车上坡的时候，头部的机车向前拉，尾部的机车在后面推动，火车先顺着"人"字一捺行驶到"头部"，这里就是青龙桥车站，也就是到达了"人"字一撇的尾端，火车不需要掉头，而是车头变成车尾，由拉动变成推动；火车顺原路退回，由于铁路的道岔已经搬开，这次是沿着"人"字的一撇上行。虽然铁路运行的路线延长了，却可以顺利穿过八达岭隧道。

火车使用两台机车还可以加大牵引力。如果车辆的载重量很小，使用一台机车也可以实现掉头折返，但是火车的车厢多，载重量大，使用一台机车带动很多的车厢上坡是不够的，使用两台机车可以保证运输的安全。詹天佑不仅创造性地使用了双机牵引，还着力于从国外购进大马力机车，由此，京张铁路的运输动力问题得到了解决。

青龙桥这段铁路修成之后，看起来像个剪子的形状，当地人就将这段铁路所在地称为"剪子岭"。

事实上，詹天佑采用"之"字轨道的设计也是无奈之举。京张铁路修建到八达岭近青龙桥段，面对燕山山脉军都山的陡山大沟，要穿越过去，就需要在二十二千米线路区段内采用这种轨道设计，火车行驶的过程中用折返方法攀斜，非常省力。

从詹天佑选择的三条铁路路线来看，热河线的施工难度是比较低的。北经平原到达延庆，这里的中部是河谷平川，两山夹一川，构成了"V"形盆地，所以，这里又被称为"怀来盆地"，高差大约为六百米。这里是历代设防抵御游牧民族之地。关沟地带的山脉，最狭窄之处仅二十公里。古人都会选择这里作为通道。但是，如果修建铁路，不仅坡度大，而且运输能力不够。丰沙线是相对理想的路线，永定河通道的平均坡度比较低，铁路运输能力也会非常强，但是，山区地带峭壁林立，必然行程很长，而且还需要修建很多的隧道。即便技术允许，由于资金有限，这条线路也不能用。最终只能选择走关沟线。

詹天佑所遇到的难题是山的坡度和隧道的问题。当时对于欧美国家而言，从技术上解决这两个问题并不是大事，但是清政府资金短缺，就要考虑到节省资金。一千八百米的隧道需要消耗大量的人、财、物，而要缩短隧道，就要提高海拔，地面自然会坡度变陡，且会超过铁路允许的最大纵坡，而且铁路线的铺设受到地形的限制，为了让铁路线路达到预定的里程，就要顺应地形铺设展线，使线路沿山坡盘旋而上。

铺设展线的目的就是通过延长线路的方式减缓纵坡，便于火车爬坡。

"展线"是迂回上升的铁路线，包括多种类型，诸如"人"字形、灯泡形、S形、马蹄形等。詹天佑使用的就是"人"字形展线。

很明显，用展线的方式设计线路，必然会大大地增加里程，但是处于技术落后的年代，不仅受到牵引条件的限制，且缺乏建设长隧道的能力，就要利用地形条件铺设展线，缩短隧道的长度。

关沟很窄，如果采用其他的展线形式会引起新的隧道工程，所以，詹天佑就利用青龙桥东口的横向山沟设计了"人"字形的展线。在技术水平有限、资金有限的情况下，要让铁路翻山越岭，这在当时是最优的方法了，不仅解决了火车上坡的问题，还将隧道总长缩短了一千多米。

有人说，"人"字形线路是詹天佑的发明，其实不然。早在1827年，美国人就已经使用这一技术修建矿山铁路了，火车使用蒸汽机车为绝对牵引动力，广泛应用于山区铁路中。二十世纪初，有关"人"字形线路的英文专著问世。詹天佑作为中国第一位铁路建设总工程师就将这门技术用于京张铁路的设计，获得了成功。

人为阻挠

京张铁路进入到第三段工程，难度仅次于关沟。京张路上的怀来大桥长度二百一十二米，为七根三十米长的钢梁架设。为了不影响工程施工进度，詹天佑让工人先用骡车运输钢梁杆件到桥头，以拼铆的方式将钢梁杆件连接成桥，这样可以节省架梁铺轨的时间。

1909 年四月二日，火车已经通往河北张家口的下花园。从下花园到鸡鸣驿矿区是一段岔道，虽然不是很远，工程难度却很高。左侧是石山，右侧是羊河，需要在山上开通一条二十米深的道路，山下还要垫高河床，长度大约三千五百米。詹天佑就用山上开道的弃石垫山下河床。为了避免路基被山洪冲击，还要使用水泥砖进行保护。

工程上的各种困难并不能将詹天佑吓倒，他会采取各种措施解决。在紧张的施工中，人为的阻挠却让詹天佑很是气愤。

当时有个前任锦州道员叫广宅，为晚清主要的宗室大臣之一，与恭亲王爱新觉罗·载泽的孙女结亲，广家倚仗皇亲在朝野中都有自己的势力。铁路修建到这里，恰好需要经过广家的坟地，广宅就开始闹事，雇人卧轨，阻止铁路施工。詹天佑这回可是碰到了硬钉子。这里不只有广家坟地，西面是慈禧太后父亲桂公坟，北面是郑王坟，南面是太监坟，铁路线无论怎么左避右闪，都不能通过。恭亲王要求将铁路改线，而且还愿意出银酬谢。如果要将铁路线改道，不仅浪费时间，还需要消耗大量的经费，况且詹天佑认为这种变相的受贿是可耻的，因此宁可辞职，也不愿意修改路线。后来发生了"五大臣出洋被炸"事件，即镇国公载泽、户部侍郎戴鸿慈、兵部侍郎徐世昌、湖南巡抚端方、商部右丞绍英，五大臣分别到东西洋各个国家考察政治，结果启程时遭遇刺杀，几名随从被炸死，虽然五大臣都距离比较远，幸免于难，但心有余悸。载泽不敢参与外面的事情了。广宅没有了靠山，也就同意铁路可以从坟墙外通过。但是，为了保护广家坟地的风水，广宅提出要在坟地外挖一条小河，三品官设祭，并立碑留作纪念。工程队的人觉得这是为难人，詹天佑为了顺利地修通铁路，就派人到广家坟院拜祭，但是立碑的事情不能答应。两相僵持，广宅最后做出让步，不再对修建铁路要求什么，铁路顺利通过广家坟地。

詹天佑修建铁路过程中采用各种方式解决困难，指挥得当，于1909年九月二十四日将通往张家口的第三段工程完工。

京张铁路终于在1909年十月二日全线通车。原定六年时间完成，詹天佑比计划的时间缩短两年完工，资金方面比原来预算（七百二十九万两白银）节省了二十九万两。资金总额只占外国承包商索取价银的百分之二十，真是花钱少、质量好、完工快，让国人振奋。

第七章

晚清修建最快的铁路——津浦铁路

诞生如此之难

津浦铁路是中国非常重要的南北干线，是清政府向英国和德国两个国家贷款修建的。津浦铁路全长一千零九公里，修建的速度非常快，仅仅用了三十八个月，是晚清时期修建最快的铁路，可谓是"清代铁路之最"。但是，修建进度如此之快却是以二十二年的酝酿时间作为代价的。

早在 1886 年，曾国藩的儿子曾纪泽就提出修建从北京到镇江的铁路。曾纪泽时任总理海军事务衙门帮办，他提出这个建议是由于沟通南北的京杭大运河的江北部分出现了梗阻现象，有多处河段严重淤积，很难满足交通的需求。

京杭大运河的江北部分出现严重阻塞已经不是几年的事情了，要疏通很难。1855 年黄河夺北方河道进入渤海，就已经将山东济宁段淤塞，导致河道的南北运输受到影响，等于阻断了从北京到南方的生命线，于是就不得不走海路。采用海路运转的方式，存在诸多不便。

京杭大运河是世界上最长的古代运河，就宛如中华大地上流动的史诗。这条古老的运河毕竟年迈了，终于在 1885 年逐渐放慢了行走的脚步，它的辉煌也戛然而止，京杭大运河南北全线断航。为了解决南北交通的问题，曾纪泽提出了修建津镇（天津到镇江）铁路的提议，试图弥补大运河断航后造成的运输不足。曾纪泽曾经是驻英大使，而铁路的发源地就是英国，考虑到用铁路代替河运的可行性，他的提议是颇有见地的，但是并没有被清政府采纳，于是计划落空了。这个落空的计划就是津浦铁路的雏形，仅仅停留在设想中没有实现。

追溯京杭大运河的形成和发展，京杭大运河是春秋时期（公元前486年）始凿的，将长江与淮河沟通。到两汉、南北朝时期，继续开凿将黄河与淮河的水道沟通。唐、宋时期的京杭大运河有所变更，有局部的废兴。元朝时期定都北京之后，海运有所发展，同时也积极发展河运，会通河和通惠河都被开凿出来，使得京杭大运河延伸到北京，实现了北京至杭州的航运。直到1293年，京杭大运河全线贯通，海河、黄河、淮河、长江、钱塘江五大水系被沟通，全长一千七百九十四公里。其形成时间长达一千七百七十九年。

京杭大运河的主要作用是运输粮食，在古代，政府运输粮食被称为"漕运"，南方的粮食通过运河运输到北方，南方的特产茶叶、丝绸，北方的特产梨、豆和枣等都可以利用运河之便调运。到1855年，兰考的铜瓦厢出现了黄河决口，在山东省夺大清河河道流入渤海，至此，京杭大运河南北断流。

提出修建津镇铁路的计划，曾纪泽并不是第一人，在1863 年，一名英国爵士麦克唐纳·史蒂文森就提出在中国修建铁路的观点，而且还将第一个中国的铁路线路计划制定了出来，他建议修建可以贯穿中国南北的铁路。按照麦克唐纳·史蒂文森的方案，就是从镇江出发，途经天津到北京，形成扬子江流域的大干线。清政府持有保守观念，对铁路和火车都不能完全接受。英国人也就放弃了这个修建铁路的计划。

随着洋务运动的兴起，李鸿章等人认识到铁路对中国的发展可以起到重要的带动作用，就提出修建铁路的建议。当时的洋务派人士就提出修建清江浦（今江苏淮安）到北京的铁路。1877 年，李鸿章在给清驻英大使郭嵩焘的信中，提到了 1874 年自己向恭亲王陈述修建铁路所带来的好处的相关事宜，强调修建清江浦到北京的铁路，可以使南北运输顺畅。但是，恭亲王奕䜣说，没有人敢主持这件事情，修建铁路的计划没有落实。

1880 年，直隶提督刘铭传上折请修建从清江浦途经山东到北京的铁路，遭到内阁学士张家骧的反对。张家骧提出了自己的观点，即修建铁路就会有洋人要求在清江浦开口岸；将田地、房屋以及坟墓毁坏；对轮船招商局非常不利。持续一个多月的时间，洋务派和顽固派针对修建铁路事宜争论着。最终，张之洞提出了修建卢汉铁路的方案，即从汉口到北京修建铁路。由于汉口是在内地，没有人再提出异议。

1896 年，中国近代早期改良主义者容闳提出修建津镇铁路，提出可以借外资修建。这次清政府批准了。

借用外资修建铁路有两种方法：一种方法是向外国的银行贷款；另一种方法就是集股。当时任上海道道员的容闳提出借外资修建铁路，就是采用集股筹资的方法获得资金。容闳的筹资方法与清政府的筹资原则是不相同的。按照容闳的想法，首先要保护路权，在这个前提条件下吸收外资入股，并做到"变通招股"。民间维新派支持容闳的设想，铁路总公司的总办盛宣怀却持有反对意见。

容闳选择美国作为借款来源，认为美国对清政府没有权利要求，比向英国、法国等国家借款更为稳妥。

盛宣怀对容闳的计划持有不同的见解，担心这么做会将外国列强的势力引入到中国内地。况且，容闳主张借款修建津镇铁路没有经过铁路总公司，当时卢汉铁路的谈判受阻，考虑到其中的利害关系，张之洞与盛宣怀都反对修建津镇铁路，清政府对容闳提出的计划也产生了顾虑。

1897 年的十一月，对津镇铁路觊觎已久的德国挑起了胶州湾事件。德国的三艘军舰闯入胶州湾，二十四小时之内就将青岛占领了。

容闳已经与一家英商公司签订了贷款五百五十万英镑（即三千三百四十四万两白银）的草合同。当德国知道这件事情之后，就提出如果修建津镇铁路不向德国借款，就不允许铁路从山东境内走。津镇铁路如果绕过山东，就必然接近卢汉铁路，为修建卢汉铁路提供贷款的俄国和法国就会提出抗议。

十二月，德国对清政府提出要求，让清政府将山东境内的筑路权出让给德国。这样，德国就会顺理成章地获得津镇铁路的筑路权。

关于津镇铁路的修建，虽然德国干预其中，但是容闳对自己计划的实施依然充满信心。1898年一月，容闳向清政府呈上《津镇铁路条陈》，其中提到回收资金与津镇铁路计划之间的关联性。当时的中国还没有设立官方银行，修建铁路需要钱庄和民间的票庄提供信贷服务。但是铁路工程规模大，修建中需要大量的资金，无论是钱庄还是民间的票号都难以满足需求，这就需要向外国银行贷款。清政府与外国银行之间没有建立良好的合作关系，就必然会产生矛盾。所以，容闳的计划中的主要问题就是设立银行。

当容闳的计划遭到盛宣怀的阻挠，为了谋求津镇铁路路权，德国驻华公使海靖与总理衙门进行交涉，提出将容闳的计划取消，由德国承担修建津镇铁路的费用。如果说，盛宣怀是从态度上不支持容闳的计划，德国则是通过施加压力的方式，存在着一定的威胁性。

德国的态度很强硬，清政府还没有想出合适的应对方案，就在这时，英国人又跑出来凑热闹了，更让清政府左右为难。英国在修建卢汉铁路的贷款争夺战中失利，就想要争取津镇铁路的贷款权，以便巩固英国在中国南部地区的势力。

德国和英国都想要取得津镇铁路的修建权，清政府不敢答应德国，英国也意识到要取得津镇铁路的修建权，就要与德国合作。英国和德国就避开清政府进行了幕后交易，划定各自在中国铁路的投资范围，互相承认，并签订协议。津镇铁路最终由德国和英国合作修建。德国和英国合作之后，联合向清政府施压，清政府被迫允许英国和德国为津镇铁路的修建提供贷款。

面对国内的压力和国外的势力，容闳不得不放弃自己的计划。但是，修建津镇铁路的步伐并没有因此而停止。

《津浦铁路借款合同》

中日甲午战争让清政府饱受战败之苦，于是，清政府认识到修建铁路的重要性，强调"图自强而弥祸患"，开始重视实政。容闳提出修建津镇铁路的计划，德国以山东为其势力范围为借口，要求津镇铁路绕过山东。于是，津镇铁路就要绕过山东，过黄河，途经河南到达安徽，而且还要求容闳在半年之内将股金招齐。这些对于容闳而言都是难以解决的问题，容闳不得不放弃计划。

当时英国的势力范围在长江流域。1898 年，英国政府以俄国侵犯了英国势力范围并侵犯了他们的利益为由，要求清政府给予补偿，津镇铁路的贷款权就是一个补偿内容。德国要维护自己在山东的势力，要求获得津镇铁路的贷款权，英国也要求获得这条铁路的贷款权，以巩固自己在长江流域的势力，清政府没有表态。于是，德国和英国就在没有知会清政府的情况下，于1898年九月在伦敦秘密协商，对津镇铁路的承办权擅自做决定，对修建津镇铁路的各自势力范围进行划定。关于资金的问题，由德国和英国联合募集，当铁路建成之后，这条铁路由德国和英国合作经营。1898年十月，英国驻华公使和德国驻华公使都给清政府的总理衙门致函，要求承办津镇铁路，承办的条件要与卢汉铁路等同，还要求清政府准许德国德华银行和英国汇丰银行承办这条铁路。清政府迫于当时的局势只能同意。

1899年，津镇铁路督办大臣许景澄、帮办津镇路大臣张翼代表清政府与上海德华银行、汇丰银行、上海怡和洋行、中英公司签订修建津镇铁路的借款草议合同。借款的金额是七百四十万英镑（即四千四百九十九万两白银），九成交付，年息五厘，借款期限五十年。津镇铁路被划分为南段和北段，英国和德国分别承办。按照合同的规定，德国承办津镇铁路的北段（从天津至山东峄县韩庄），英国承办津镇铁路的南段（从山东利国驿至江苏镇江）。南段总工程师为英国工程师德纪，北段总工程师为德国工程师德浦弥尔。在借款没有还清之前，铁路的运行由上海德华银行和中英公司代理。在经营的过程中所获得的款项以及还本付息，需要在余利中提出百分之二十给银行作为酬金。签订的合同内容与卢汉铁路向比利时借款的合同雷同。当草约签订完毕后，爆发了义和团运动，津镇铁路借款的事情被搁置下来。

1902 年义和团运动结束，英国和德国怕清政府对修建津镇铁路的合同有变故，就分别在 1902 年和 1903 年照会总理衙门，针对借款合同事宜进行商订。清政府派袁世凯为督办津镇铁路大臣进行商订。对于谈判事宜，袁世凯委派津海道唐绍仪、候选知府梁如浩等人为代表与上海德华银行、中英公司的代表谈判。谈判中，上海德华银行提出了新的要求，即增建德州至正定的铁路支线、兖州至开封的铁路支线，这些内容已经超出了草议合同的范围。因此清政府与英国、德国签订津镇铁路借款合同的谈判事宜遭到了诸多人的反对。津镇铁路途经直隶、山东、江苏，这三个省的京官、地方的绅商以及一些留日学生都明确了反对的态度，认为津镇铁路北接直隶，向南贯穿江淮区域，控制着江海的咽喉要道，已经牵住了直隶、山东、江苏这三个省的命脉，所以津镇铁路的修筑权要收回，自主建设。这样，津镇铁路的借款谈判事宜再一次搁置，正式借款合同的相关进程停滞下来。

1907 年，清政府派张之洞参与处理津镇铁路的事情，张之洞与袁世凯协商之后，认为将原有的草议合同废除由清政府自己修建铁路是不可行的，还是采用借款的方法自主修建比较切合实际。这一年的五月，张之洞与袁世凯电奏清政府，请求派外务部右侍郎梁敦彦与英国的代表和德国的代表针对合同内容的变化情况进行磋商。铁路的线路也有所变化。此时沪宁铁路马上就完工了，清政府打算将津镇铁路的南段向西迁移，到达江宁的浦口与沪宁铁路连接。铁路线的经由有所变化，途经徐州后不往东南方向延伸，而是转向西南方向，经过安徽蚌埠到达浦口。铁路的名称从原有的津镇铁路改为"津浦铁路"。清政府提出，津镇铁路的草议合同已经签订，不能废止，由于变更了铁路路线，就可以改原有的津镇铁路为津浦铁路，正式签订借款合同。借款合同中包括二十四条。这一次签订的合同中，要将借款的事情与修建铁路的事情分开，将百分之二十的余利取消，以现利另给，让德国和英国的公司都没有参与路政的借口。借款的数额从原有的七百四十万英镑改为五百万英镑（即三千零四十万两白银）。

当时清政府的改革派官员力推以夷制夷的策略。所以，允许英国和德国联合修建津浦铁路，两个国家都要获得各自的利益，就会相互牵制，德国的势力不会向南方蔓延，英国的势力也不会延伸到北方地区，可以起到相互遏制的作用。

从工程技术的角度而言，两个国家都会派出本国的总工程师。按照合同的规定，总工程师要听从清政府的督办大臣的指挥。外国的工程师可以带来修建铁路的最先进技术和管理方法，还可以加快修建铁路的速度，保证工程质量。

1908 年，外务部右侍郎梁敦彦作为代表，与上海德华银行代表柯达士、伦敦华中铁路有限公司代表濮兰德在北京签订修建津浦铁路正式合同。按照合同的内容，借款折扣相对较高一些，但是，不再用铁路作为抵押，不会涉及分享余利、管理行车权等问题。这个合同还是比较具有合理性的。

《津浦铁路借款合同》的内容大致如下：

一、借款的数目是英金五百万镑，首次发行的债券是三百万英镑，负责办理的银行要快速出售，时间不可以超过一年。九三折交付，五厘利息，按照债券的息票每年四月一日至十月一日交付一次。

二、所修建的津浦铁路，北段从天津途经德州、济南到峄县；南段从峄县到南京对岸的浦口。

三、合同签订完毕后，要在六个月内开工，从开工之日起四年修建完成。

四、借款的期限是三十年，从第十一年开始还本。

五、借款用下列的各项款项作保：

（1）直隶厘税每年一百二十万两白银；

（2）山东厘税每年一百六十万两白银；

（3）江宁（南京）厘税每年九十万两白银；

（4）淮安关厘税每年十万两白银。

六、在修建津浦铁路期间，英国总工程师和德国总工程师各一名，都要得到清政府的认可。当铁路修建完毕后，清政府就可以合并南段铁路和北段铁路，请一名欧籍的总工程师承担这项任务，并且不需要与银行商量。

七、在修建津浦铁路期间购买材料由上海德华银行和华中铁路有限公司经办，按照实价的百分之五收取佣金。

八、将来修建津浦铁路支路的时候，如果需要使用外国资本，可以先与公司商量办理。

九、将提供行车余利的事项取消，改为在第一次发行债券的时候，要一次提留二十万英镑（即一百二十一万六千两白银）作为公司的酬金。

1908 年四月，驻德出使大臣和驻英出使大臣签名画押并启用债券；1908 年九月，德华银行签名画押，华中铁路有限公司签名画押，承担销售津浦铁路债券，发行的数额共五百万英镑，在英国伦敦交易所公开发售债券，津浦铁路债券的票面为两种，分别为二十英镑、一百英镑。

济南泺口黄河大桥

津浦铁路上最为艰巨的工程就是济南泺口黄河大桥。济南泺口黄河大桥于 1912 年十一月建成，选址、勘测、比选就经历了三年的时间，最终将建桥的位置确定在泺口镇。这座静卧于母亲河上的大桥在当时被誉为"亚洲第一大桥"。津浦铁路上，济南泺口黄河大桥是咽喉要道，大桥通车之后，以黄河作为界限的南北两端铁路贯通。

签订《津浦铁路借款合同》后，当年八月，德国孟阿恩桥梁公司与津浦铁路北段总局正式签订修建黄河铁路桥的合同，德国孟阿恩桥梁公司于1901年开始派工程师选择修建跨越黄河铁路桥的地址。选择的范围是济南附近黄河的上游至下游四十五公里范围内。在泺口附近的鹊山、华山之间开展钻探工作的时候，发现此处黄河的河底并没有岩石，全都是泥沙，这给建桥增加了难度。虽然万里黄河流淌到这里已经非常平静了，但是，这里不具备很好的建桥条件，而且河面的宽度已经达到了一千三百米，选择建桥的具体位置成为难点。德国孟阿恩桥梁公司针对选址问题多方听取意见，最后清政府指派詹天佑确定铁路桥的修建地址。詹天佑最终将距离泺口半里的枣树园作为修建桥梁的位置。德国孟阿恩桥梁公司提交了河段工程说明以及桥梁的建造图式，之后进入施工环节。

　　就在济南泺口黄河大桥准备开工之际，山东道员丁达意提出了自己的见解，即当大桥建起来之后，桥墩对黄河水具有一定的阻挡作用，很容易引起水患，要求德国孟阿恩桥梁公司将桥孔的跨度加大、桥墩的数量减少。对于这件事情，经过多次的磋商都没有达成一致的意见。为了尽快解决这个问题，邮传部派中国铁路工程专家詹天佑到济南协调这件事情。詹天佑到达济南之后，到泺口进行实地勘察，对当地的黄河险情以及历年的水位变化的情况进行了详细了解，还对当地的经济发展状况进行了考察，提出了"减少桥墩、扩大桥孔、加固堤身"的施工方案。这个方案解决了黄河容易引起水患的问题，也让德国孟阿恩桥梁公司欣然接受。桥梁的建造图式先后修改了五次，终于确定下来：桥的长度是一千二百五十五点二零米，十一座桥墩，十二个桥孔；梁下留有足够的通航空间，使航运畅通，一般黄河水势的时候，水面与桥下桁梁之间的距离是十米，如果是在黄河水势非常大的情况下，水面与桥下桁梁之间的距离是七米；黄河大桥的桥上虽然铺设单线线路，但还是将铺设双线的余地留出来；铺设施工的过程中，还需要进行桁架加固；黄河大桥的载重为E-35级；按照七级地震烈度设防。

1909年，济南泺口黄河大桥开工了。整个桥为钢结构设计，十二孔钢梁组成，耗用钢材八千六百五十二吨，均为德国进口。在河道的一南一北，漫滩较为狭窄一些，简支钢桁梁为一孔，跨度是九十一点五米；在河道的一南一北，漫滩较为宽阔一些，简支钢桁梁为八孔，跨度是九十一点五米；主河槽上的钢桁梁为三孔；锚臂梁左孔和右孔的跨度一百二十八点一米，而且锚臂梁左孔和右孔都越过桥墩各自向中间的一个孔延伸，就形成了二十七点四五米的伸臂。悬梁的长度为一百零九点八米，与伸臂之间采用摆柱式的活动铰加以联结，就形成一孔，跨度为一百六十四点七米。钢桁梁的总体重量是八千六百二十五吨。

济南泺口黄河大桥的第十孔跨度是一百六十四点七米，当时在中国的所有铁路桥中是孔径最大的，即便是在世界桥梁中也是非常少见的。

　　值得一提的是，在济南泺口黄河大桥的桥墩建设中采用了詹氏的"气压沉箱法"。

　　沉箱的设计灵感源自于潜水钟，就是一种无动力单人潜水运载器。由于采煤工程中管状沉井下沉困难，法国工程师M·特里热就在1911年对沉井的一段进行了改装，成为气闸，使得沉井成为了沉箱。用这种管状沉箱进行水下基础施工非常方便。

　　詹氏的"气压沉箱法"，就是将气密性很高的钢筋混凝土结构工作室设置在沉箱底部，工作室中的各种装置都是通过气压进行自动调节。诸如一定压力的压缩空气，等同于刃脚处地下水的压力，就可以避免地下水渗入到工作室中，施工人员就可以在无水的工作室中展开施工。箱体的下沉依赖于上部的荷载。为了确保沉箱下沉平稳，要按照规定进行沉箱内挖土施工。如果沉箱内周围土具有很大的摩擦力而产生阻力，导致沉箱不能下沉，就可以将施工人员撤离，将工作室中的气压降低，强迫沉箱下沉。沉箱作业的环境条件不好，会危害到施工人员的健康，而且工作效率低，消耗的费用也非常大，加之人体对于大气压的承受能力是有限的，所以，沉箱的入水深度通常在三十五米内。

　　大桥的下部结构从黄河的北岸算起，第一号桥墩至第七号桥墩和南面、北面的两个桥台都采用了钢筋混凝土桩基础，使用汽力旋转打桩机将基桩打入，共一千二百七十根。在施工的时候，对桩柱的载重测试采用了"杠杆法"，测试的结果是每个桩的承载力为一百五十吨，已经达到设计载重能力的两倍。第八号桥墩、第九号桥墩、第十一号桥墩采用气压沉箱加桩基础，第十号桥墩采用气压沉箱基础。沉箱的下沉所采用的是内挖法。为了避免桥墩遭到洪水的冲刷，在四个桥墩的周围打筑木排桩以发挥保护作用。在棱角处用铁桩，起到加固的作用。在桩围中将泥土挖出，将石块填充到其中，之后使用水泥封顶。

整个桥基础以上，包括桥墩的主体、桥台的台身都采用了混凝土浇筑施工方法，表层为大蘑菇石砌筑。

1912年十一月，济南泺口黄河大桥竣工了，总长度一千二百五十六点九一米，宽度九点四米，为单轨设计，复线的宽度已经预留出来。在桥头两侧各建有守卫室。

济南泺口黄河大桥修建的时间很长，等同于整条津浦铁路的修建时间。1911年十月，津浦铁路南段铁路通车；1911年十一月，津浦铁路北段铁路通车。可是，济南泺口黄河大桥还没有修建完成，只能两段分别通车。1912年十一月，修建三年的铁路桥终于竣工了。津浦铁路北段总局总工程公司负责检测桥梁的各个部位以及轨道，质量合格。之后，德国孟阿恩桥梁公司将大桥正式交付给津浦铁路北段总局管理。

1913年的元旦，济南泺口黄河大桥投入使用，津浦铁路全线贯通。

曲阜却之不恭，济宁求之不得

当我们翻开津浦铁路的地图，会看到铁路明明可以经过曲阜走直线，却绕过曲阜走兖州，形成了三角路线，很难令人理解。

津浦铁路贯穿山东境内。当年这条铁路的设计路线是从泰安直接向南走，一直到达邹县。但是，铁路铺到中途，就从磁窑向西南方向绕开，到达兖州又向东南方向折回，到达邹县。如果仔细观察地图，就会发现，所绕开之处就是孔子的故里曲阜。

铁路采用这种设计路线必然耗时更多，铁路修建的成本也会增加。但是，铁路穿过曲阜，而且距离孔林西墙根仅有一百六十七米，这让孔家难以接受。

孔令贻是孔子的三十六代嫡孙。当时津浦铁路线从曲阜城的西边穿过的消息很快就传到了孔家，让孔子的子孙非常紧张。家里所有的人都在孔府前上房聚齐，商量如何解决这个问题。讨论的结果是请袭封衍圣公的孔令贻定夺。

这是 1904 年的一天深夜，孔府前上房的油灯一直亮着，三十二岁的孔令贻正在思考如何让津浦铁路线绕开家门口。他来回踱着步，坐下一会儿又起身，一副心神不宁的样子。最后，孔令贻想出了一个办法，就是向朝廷呈文，以"震动圣墓""破坏圣脉"作为理由，为了让孔家的祖宗不被打扰，请求津浦铁路绕过曲阜。

此时的津浦铁路线路以及途经都已经经过勘测确定下来，按照南北径直走向，铁路会从孔林西墙不远处穿过。

孔令贻的呈文递交给慈禧太后，慈禧太后当时就准奏了。津浦铁路不得不改线，为了绕过曲阜便走兖州，就出现了绕道的弧线。

1919 年，孔令贻在北京去世，本着叶落归根的传统思想，孔令贻的灵柩被专列运回故乡。火车到达曲阜西北的姚村，这里是距离孔府最近的火车站，要到达曲阜，还要走十公里的路程。孔家人到火车站迎接灵柩的时候，走了很长的时间，颇费周折。

从经济发展的角度而言，津浦铁路绕开曲阜，修建铁路的成本增加，大量的资源浪费；更为重要的是，这里的交通不便，使得当地的经济发展受到制约。百余年来，曲阜的经济都由于交通闭塞而没有发展起来。

有趣的是，孔家不同意津浦铁路线走曲阜，同时兖州和济宁都在争取这条铁路线，最终，津浦铁路线绕道兖州。

曲阜极力避开铁路，济宁则刚好相反，而是一再地争取铁路线从济宁通过。当津浦铁路改到兖州后，济宁的官员以及各界人士共同提出要求，希望铁路线能从宁阳绕道济宁，之后向藤县和峄县延伸。首先是济宁人潘复面见津浦铁路大臣吕海寰提出了这个要求，紧接着济宁京官杨毓泗代表山东同乡全体京官向吕海寰提出了要求。山东人齐心协力，为争取铁路线经过济宁做出了努力。吕海寰提出，津浦铁路线已经确定从兖州经过，当然也不能抛弃济宁，如果山东的士绅们从集体的利益出发坚定意志要求将津浦铁路线改线到济宁，是可以考虑的。

　　吕海寰委派津浦路北段的总办李德顺负责这件事情，李德顺带领铁路工程师到济宁进行勘测。就在这个时候，李德顺因营私舞弊、贪污受贿被告发了，津浦铁路北段的总办和铁路督办大臣更替，督办铁路大臣为邮传部尚书徐世昌，侍郎沈云沛是帮办。此时济宁的京官以及民众集会多次，提出改道的要求，还向清政府上书，明确要求津浦铁路走济宁。与此同时，济宁的京官还派调查员对铁路线拟途径济宁的区域进行了调查，将图说绘制出来，推举头面人物袁景熙、潘复、吕庆圻、李其庄等分别到北京、天津将调查结果和绘制的图说呈上。铁路勘测人员对改道的要求并不同意，因为铁路线绕道至济宁需要多走三十九公里，南北货运会增加路程，给运输带来诸多的不便。

　　勘测人员说得没错，打开地图就可以发现，从兖州到济宁还有三十公里的路程，济宁处于兖州的西南方向。铁路线走兖州是迫不得已，如果继续偏西走，就拐了更大的弯，无论是从修筑的角度而言，还是从铁路运营的角度而言，成本都会大大增加。

济宁的代表则提出自己的看法。他们认为，铁路途经之处必然是各方面发展都比较好的区域，只有四方荟萃的地方才能支持铁路运行，获得共同发展。济宁的商业发达，且处于南北枢纽之地，从古到今都是商务繁盛区域，与曲阜和兖州相比，商业发达高不止十倍，这里设置铁路线，有助于南北的商业流通，对实业发展也是非常有利的。运输货物的收入增加了，绕道三十九公里又何妨呢？

津浦铁路北段总局总工程师德浦弥尔经过勘察后，认为如果铁路线绕道济宁存在诸多的阻碍，但是可以从兖州到济宁开辟一条三十公里的支线，这样可以顺应民情。这是个两全其美的办法，督办铁路大臣徐世昌同意此事。这条铁路线就是从兖州到济宁的支线，后来这条支线经过延伸，建成菏兖日铁路。

济宁各界要求津浦铁路改道，将原有的绕道兖州改为绕道济宁，结果争取了一条单独到达济宁的支线，使得济宁的交通得到了大大改善。

永远消逝的镇江铁路梦

津浦铁路的前身是津镇铁路，后来由于各种原因改为"津浦铁路"。对于修建镇江到天津的铁路，可以说，《老残游记》的作者刘鹗是较早提出设想的人。1895年，刘鹗在担任江苏省的候补知府的时候，曾经给直隶总督王文韶上书，提议依傍京杭大运河修建一条铁路，从镇江开始修建，经由扬州、高邮、宝应、淮阴，走济南到达天津。

自古以来，京杭大运河都是一条具有很高历史地位的河道，包括物流、客运以及皇帝出巡等，这条河都做出了巨大的贡献，这是一条积淀中国文化历史的运河，凡是大运河流经之处，当地的经济都被带动起来，发展为富庶之地。刘鹗提出沿着京杭大运河修建铁路就是考虑到大运河的重要以及大运河沿线为经济繁盛之地，对铁路业的发展也是非常有利的。由此可见，刘鹗是具有经济头脑的。

1896年的冬天，刘鹗又一次向王文韶上书，阐明修建津镇铁路的线路，起点是天津，终点是镇江，由于火车不能渡江，所以，镇江站是在镇江对岸的瓜洲，也就是现在的扬州。

当时镇江的经济发展非常快，正处于上升的趋势。镇江开辟为商铺以后，1865 年，镇江的税银还只有一万八千五百两，到了 1903 年，镇江的人均税银已经达到一百二十三点二两。镇江籍京官认为，铁路会给镇江带来经济繁荣，如果铁路线从瓜洲走，必然会影响镇江的经济。江北瓜洲的盐商对刘鹗的建议持有反对意见，认为火车到瓜洲会将当地的风水破坏，对田园的收益造成不良影响，于是横加阻拦。于是，镇江和瓜洲的这些顽固势力对刘鹗群起而攻之，甚至要将刘鹗开除乡籍，不认他是江苏镇江人。

刘鹗在提出津镇铁路计划的同时，还在筹划泽浦铁路，以山西的泽州为起点，途经怀庆，也就是今天的河南沁阳，进入安徽，经由正阳关到达江苏的河口。这里的"河口"就是襄阳，所以这条铁路又被称为"泽襄铁路"。英国的工程师对这条铁路线进行了勘察，发现无法通过出海水道，于是将铁路线路的终点从河口改为浦口。

刘鹗对这两条铁路的筹划是考虑到铁路的一端可以开发矿业，另一端则是口岸商埠，通过铁路运输，将内地的矿产通过火车运到口岸，之后船运。

清政府对刘鹗提出的津镇铁路和泽浦铁路都予以批准，但是都节外生枝。津镇铁路改线，泽浦铁路联系着晋豫矿。晋豫矿被帝国主义关注已久，但是由于地理位置是在内陆，没有海岸线，如果没有铁路就无法开发，只有铁路与开矿并举才可以做到。如此一来，没有庞大的资金是不能成事的。

当时处于社会动荡的年代，修建铁路更多地考虑的是军事因素，这就需要铁路经过徐州、蚌埠等战略要地。况且淮南发现了煤矿，于是津浦铁路线从徐州向西南方向延伸，经由宿州、蚌埠、滁州，最终到达浦口。

1904 年二月十七日第二十四期《南洋官报》上登载了有关"铁路改道"的新闻：

近探悉津镇铁路已改为津浦铁路，冀与浦汉铁路通声气。镇地虽有宁镇铁路可以与该两路交通，然商货之运费较重，又需时日，恐镇江商务必较前减色矣。

津镇铁路"抛弃"了镇江，最感到遗憾的应该是刘鹗。刘鹗提出修建津镇铁路，铁路的终点是镇江对岸的瓜洲，火车无法渡江。刘鹗的建议遭到镇江京官的反对。这些京官认为，镇江是长江水陆码头，本就是富庶的地方，如果修建了铁路，镇江的经济就会被瓜洲抢走。结果，修建津镇铁路的事情就被推翻了。

在修建津浦铁路的时候，所需要的各种材料多从瓜洲获取，从镇江用小轮舟拖带着运输到淮河，可见修建津浦铁路，镇江的贡献是很大的。可惜，刘鹗的振兴家乡之举没有实现。

1905 年，刘鹗认识到津浦铁路的运行会使浦口的地价上涨，于是他就抓住了这个商机，在江浦一代大量地投入资金购买土地，购买的土地已经达到一千九百四十五亩。刘鹗的举动让江浦的豪绅陈浏嫉妒。陈浏曾经是五品京官，看到刘鹗购买了很多的土地，而浦口的地价一路攀升，刘鹗占了不少便宜，有些不甘心，于是以"私集洋股，揽买土地"为名控告刘鹗。1908年，刘鹗背上了"私集洋股""营私罔利"的罪名，被流放新疆迪化，也就是现今的乌鲁木齐。1909年，刘鹗突然中风，贫病交加的刘鹗在艰苦的环境中死去，终年五十二岁。就这样，刘鹗远离了他的家乡，镇江铁路梦也随之消逝。

1908年，津浦铁路总公务所在北京成立，同年津浦铁路北段总局在天津成立，督办大臣吕海寰担起勘定北段（天津到山东峄县韩庄）路线的责任。当年的七月，津浦铁路南段总局在浦口成立，勘定北段（韩庄到浦口）路线。1909年，津浦铁路南段在浦口开工。一年之后，从浦口至临淮关区间的轨道铺设完毕，通车。

蚌埠淮河铁路大桥

津浦铁路线上，蚌埠淮河铁路大桥是仅次于泺口黄河大桥的第二大桥。在津浦铁路南段的桥梁工程中，淮河铁路桥的建桥任务是非常艰巨的。在津浦铁路线的初步规划中，将铁路桥的桥址确定在临淮关。1908年的秋天，英国总工程师德纪对临淮一带进行实地勘测，发现建桥所在区域地势低洼，夏季进入到雨季的时候就会河水泛滥，漫过铁轨，铁路无法正常运行。根据勘测结果，在临淮建桥的计划被否定了。德纪与工程人员继续向临淮的上游考察，到达蚌埠进行勘察，从所获得的各项数据来看，发现这里是比较适合建桥的。这里的地势高，即便是河水上涨，也不会影响到铁路。这里的河水深，施工会存在一定的困难，施工的成本会高一些，施工的时间需要延长。但是，在河床的底部是坚硬的岩石和山根，毕竟建桥是千百年的大事情，保证桥墩稳固是需要重点考虑的。所以，在这个位置建桥非常合适。

当在蚌埠修建铁路桥的事情确定之后，怀远县的地方官绅和董事都提出了抗议，共同上书请求将大桥建在怀远荆山和涂山之间。德纪带领工程人员进行实地勘测，认为荆山和涂山的夹峙之处河道非常狭窄，而且水流很急，在这里建桥，施工难度非常大，风险度要高于蚌埠几倍。经过权衡，最终将建桥的地址确定在蚌埠。

1908年，蚌埠淮河铁路桥的桥址确定下来之后，关于桥梁的形式又引起了争议。按照原来的桥梁设计方案，淮河铁路大桥采用桁梁式桥，即有坚固的横梁，横梁的每一端都有支撑。当年的十二月，蚌埠一带的盐商联名向正阳关督销局呈禀，提出盐船的桅杆非常高，可以达到数丈，这种桁梁式桥的桥孔低，而且狭窄，不便于航行，要求将桥孔加高，最好是修建活动桥，让盐船能够顺利通行。这件事情交会办大臣，需要经过核查之后才可以议定。会办大臣孙宝琦刚好在这个时候到南方各处视察，因此对这件事情还不能做出决定。1909年二月，会办大臣孙宝琦派南段总稽查何亮标到蚌埠针对盐商所反映的事宜进行实地调查，根据调查的结果向盐商明确指出，淮河的中段不适合修建活动桥梁。

为了将这个问题妥善解决，孙宝琦在临淮关设置了总稽查，南段总稽查何亮标在这里驻扎办理这件事情。对于上级不允许在这里修建活动桥的事情，很多人并没有太多的想法，他们多是从行船的便利方面考虑的，但是无论是修建，还是船的通行，都不是想象的那么简单。

皖绅周学铭等人坚决要求修建活动桥，上书曰："长淮淤沙向恃船舶往来以为疏浚，今中途修筑呆桥，巨舰高樯不得越渡。航路既阻，淮流千里必将不见片帆。无船则水利绝，水利绝则无人疏浚。上游数十州县，必将有其鱼之叹。"周学铭等人认为修建活动桥可以解决盐船的通行问题。

孙宝琦又接到了两江总督托忒克·端方发来的电报："长淮千里，舟楫相接，平常行旅之往来，土货之输出，引盐之上运，皆出其途。若筑呆桥果碍行舟，不惟河身易致淤塞，且水陆不能衔接，于铁路亦非所宜。"

孙宝琦看到电报的内容，派何亮标对建桥所在区域继续勘测，工程顾问格林森一同前往，希望能够做到铁路工程与航运两不误。铁路南段的总办汪树堂到临淮与当地的官绅和董事会晤，提出：如果将原有固定桥的设计改为活动桥的设计，已经做过的铁路桥规划以及各项准备工作都将付之东流，不仅资金消耗巨大，而且工程竣工投入使用后，还需要雇用很多的洋员，必然留下很多的后患。现在，设计图和各种施工材料都准备好了，确定之后就可以开工了。如果要将固定桥改为移动桥，不仅影响铁路，还会影响航运。

周学铭等人对汪树堂的陈述表示认同，凤阳绅士王凤怡等人还呈文，要求修建固定桥。格林森到达临淮后，并没有进行勘测，而是与勘测工程师鲍恩会见之后，就回到了南京，汇报修建活动桥是较为适宜的。格林森说，淮河航船的桅杆总是竖着的，如果放桅、竖桅，同时还要卸去重载，需要两三天的时间，非常不方便。格林森说，中国的河流干道上不适合建设活动桥，但是，如果谨慎从事，也不会很危险。

当时，淮北票号裕源、保泰昌等，湖贩源盛、新福源等，以及正阳关商会方皋等，陆续向两江总督托忒克·端方致电，表示支持修建活动桥，还要将桥身加高，在河底修建隧道，在南北两岸用驳船或者平底船往来运输。两江总督托忒克·端方将这些来电向南段总局电禀，结合格林森所汇报的情况，与安徽巡抚朱家宝一同上奏请求修建活动桥。

1909年六月，清政府下旨，要求督办大臣徐世昌与吕海寰、孙宝琦、罗瑞国对这件事情继续筹划，由总工程师到实地勘察，将所获资料上奏，经过共同核定之后办理。徐世昌派总稽查刘树屏对建桥区域进行实地勘察。刘树屏接到命令之后到南方会见两江总督托忒克·端方和安徽巡抚朱家宝。

之后到浦口与两总办罗瑞国、汪树堂进行商谈，征求总工程师德纪的意见。

总工程师德纪根据实地勘察的资料陈述了修建活动桥的优点和缺点，表示依然坚持原来的设计方案，修建固定桥。

为了明确修建固定桥对淮河航运所造成的影响，当年的八月，刘树屏到蚌埠，之后去了怀远，与怀远的知县李维源组织了一次实验。在怀远河口召集船只，用两只船维护一只船，将桅杆放下之后再竖起来，结果，整个过程用了一个小时零五分钟的时间。

1909年的年底，数十名大小官员经过一年多时间实地勘察，对活动桥与固定桥的利弊反复比较之后，最后确定了固定桥的方案。

按照淮河铁路大桥的设计要求，共分九孔，孔长为六十一米，桥身连墩垛的实际长度为五百五十三米，在桥的两端各修建一座引桥，整座桥需要建八座桥墩，用以支撑整个的桥梁。桥梁所使用的是带架钢梁。桥梁的底部距离最高水面为十米。在桥上建设一道单轨。

即便在选择建桥地址的时候经过了反复对比，但是进入到具体的施工环节，依然会面临诸多的困难。所建桥梁之处的河底以坚石山根居多，可以稳固桥墩，但是，石头起伏不平，在水平以下二十五米至二十七米之处，而且在石头上面还覆盖有厚厚的淤泥，淤泥的最厚之处甚至达到了二十一米。桥墩要从石底开始修筑，所以，桥墩之间的长度并不均等，最短处为十五米，最长处则为三十三米，只有第四孔和第五空之间才有石头偶尔露出水面。

从淮河铁路大桥的南岸起，第一号桥墩、第二号桥墩、第三号桥墩接近南岸，河身比较浅，石底相对高一些，河堤的淤泥也不是很厚，施工难度不是很大；第四号桥墩、第五号桥墩处于河心中，施工难度是比较大的；第六号桥墩、第七号桥墩、第八号桥墩的修建中，由于石底低，河底的淤泥比较厚，施工的过程中遇到各种难题，导致施工的进度缓慢，工期不断延长。

第一号桥墩、第二号桥墩的施工中，先用巨桩修筑基围，之后使用大块的方石进行砌筑。这两座桥墩 1909 年的年底动工，1910 年的春天发大水，工程不得不停止，用了十个月的时间才完工。

第三号桥墩建在礁石上。水浅的时候，礁石就会露出来。施工中，就是在巨石上施工，施工顺利，工程进度非常快。1909 年年底动工，1910 年二月份就已经完工了。

第四号桥墩到第八号桥墩施工中，由于水下较深，采用了气压沉箱法进行修筑。气压沉箱分为内壳和外壳，相距四英尺，以"工"字形行挡相连，内壳为钟式工作筒。将气压沉箱的四周涂上水泥，鼓风机安装在其中。当鼓风机启动的时候，气流就会排出柜内的沙石，沉箱逐渐深入，一直到达石底。工作筒中的工人开始凿石底，让石头成为凹形。之后将沉箱落到石头中，用混凝土层层浇筑，一直到露出水面为止，在顶端砌花岗石，就形成了桥墩。

第四号桥墩施工中，1910 年九月气压沉箱沉入到河底，1911 年一月施工完成。

第五号桥墩处于河水最深处，河水最浅的时候也会达到九米深，河底的石面不平整。1910 年四月，气压沉箱沉入石底，夏季发大水，起重机和汽闸都被大水冲没了。进入到八月份动工挖凿，九月份混凝土填实施工完成，1911 年一月份完工。

第六号桥墩的施工中，总是遭到水患，1911 年一月份将气压沉箱沉到石底，二月底桥墩施工完成。

第七号桥墩采用了气压沉箱法进行修筑。1909 年的年底动工，1910 年三月底将气压沉箱沉入到石头中，由于发大水被迫停工，到十月份进行四周筑坝抽水，然后才开始砌筑。1910 年的年底竣工。

第八号桥墩在 1910 年一月份动工，五月份气压沉箱已经入石底，七月份竣工。

所有的桥墩都用花岗岩筑成厚度近三米的墩帽。东侧和西侧修建成半圆形，可以起到缓解洪水冲击力的作用。墩帽的上面架设钢梁，钢梁的上面铺设轨枕。1911 年五月份，淮河铁路大桥竣工。

蚌埠本是个偏僻的渔村，随着淮河铁路大桥的开工，这个地方繁盛了起来。蚌埠位于津浦铁路南段的浦口至徐州的中点位置，火车到蚌埠都要加煤加水，旅客在这里住宿，蚌埠就很自然地成为了"宿站"。淮河大桥竣工后，津浦铁路局在蚌埠设立蚌埠车站，对蚌埠的航运发展起到了一定的促进作用。

第八章

不通国内通国外的米轨铁路——滇越铁路

中国的后门被打开

1842 年清政府与英国签订第一个不平等条约《南京条约》以后，列强纷纷涌入中国。

法国从 1880 年就占领越南，将越南作为自己的殖民地，也走到了中国的"门口"，开始窥伺着中国的云南。

越南是很顽强的。在秦朝时期越南地区就曾是中国领土的一部分，被中国统治了 1000 多年。唐末、宋前时期，随着五代十国的独立，越南（静海军）从此永久地从中国的版图上消失，越南独立了。虽然长期以来越南被中国统治着，但是，内地的汉族人并没有大规模地向越南迁移。当时越南地区的主流人口依然是当地的土著人，没有了文化的渗透，也就不会完全地融合，所以，越南仅仅在领土上被中国统一，并没有真正意义地被中国融合掉。这些越南的土著人独立之后，演变成为当代的一个民族——京族。

元朝时期，忽必烈带领着军队三次征讨越南，结果都是彻底惨败，没有将越南收回。

明朝朱棣统治时期，越南的国内非常不平静。越南陈朝末期的权臣胡季犛建立胡朝，将陈朏建立的陈朝推翻之后，陈朝的王子陈天平非常不甘心。一个权臣篡位对于一个王朝而言是莫大的耻辱，怎么能轻易善罢干休呢？于是，就跑到朱棣这里哭诉，希望得到朱棣的帮助。朱棣面对这种煽情很是感动，当然这对于朱棣而言也是收回越南地区的好机会。当时越南国内混乱，就可以借机行事，将脱离中原王朝几百年的越南地区收回。于是，朱棣就派朱能、张辅率军向越南胡朝发起猛烈的进攻。朱能途中患病，不幸死亡，就剩下张辅一个人率领军队了。张辅骁勇善战，将明朝军队的优势充分发挥出来，将越南胡朝的军队打败。胡朝皇帝被俘虏，押解到南京问罪。朱棣将越南收服，将这个地区纳入到明朝的版图，也设置了地方政府，管理越南地区的事务。

对于此，越南人民非常气愤，于是爆发了农民起义以抵抗明朝对越南的统治。特别是明朝官员在越南地区的剥削让当地人非常不满，闹得民怨沸腾。此时，明朝已经迁都到北京，对越南地区的控制鞭长莫及。结果，仅仅几十年的时间，明朝派驻到越南地区的官员以及驻扎在这里的七万军队被击败。中国又一次失去了越南。

很令人不可思议，就是这样顽强的越南，竟然被法国征服了，服服帖帖地受法国统治，而且越南一直使用的汉字也逐渐被拉丁文字所取代。这是为什么呢？

越南长期以来受到中国的统治，虽然没有被汉文化完全占据，但是，正统的思想依然是儒家文化。从十五世纪，也就是明朝时期开始，西方的传教士不断地向越南涌入，在越南传教。很快地，基督教和天主教渗入到越南人民的意识深处，信徒越来越多，也成为法国统治越南的后备力量。越南统治者此时也认识到传教士将会给国家带来威胁，就对传教士进行驱逐。对于越南的这种举动，法国当然不会袖手旁观，就以此为借口向越南发起侵略。传教士在越南多年，对越南的山川地貌、风俗习惯都非常了解，都详细地向法国做了报告。正所谓"知己知彼，百战不殆"，法国凭借对越南的了解，用坚船利炮等先进的军事武器，就将越南的大门打开了。法国攻打越南首先依赖的是海上补给，当越南的一座城市被攻下来之后，后勤补给就更为充足了，即便是习惯于游击战的越南也难以抵抗法国的军事进攻。虽然法国使用了军事武力，但仅仅依赖于武力是远远不够的，赢得战争，逐步蚕食的方法发挥了重要的作用。法国每攻下一座城市，就对百姓进行安抚，与当地的政府签订条约，将当地的亲法势力逐渐培植起来，实现殖民。统治稳固之后，就继续向越南的北部攻打。

那么，为什么被法国攻下来的地方没有群起反抗呢？因为文化征服很重要。翻开越南的古代的书籍以及政府公文，我们可以看到熟悉的汉字。也就是说，越南作为法国的殖民地之前，是普遍使用汉语的。法国通过传教士渗透越南之后，加之军队占领越南，越南的汉字就被拉丁文字取代，越南人民开始普遍使用拉丁文字了。文化传播的重要载体是什么？现在世界上的很多国家都重视文化软实力，文字和语言不仅是交流的工具，更是一个国家具有代表性的文化。法国当时就用文字作为载体传播法国的拉丁文明，儒家文化遭到侵蚀。越南的文化被控制，越南的人民也就不会对法国强烈反抗。

越南是中国的近邻。法国对越南殖民统治之后，就开始觊觎中国的云南。

1885 年镇南关大捷，给法国以沉重的打击，在中国近代史上是一场少有的胜利了。但是镇南关大捷的整个过程复杂，取得胜利也是相当曲折的，清军伤亡惨重，福建水师全军覆灭，台湾全部丢失。李鸿章在不得已的情况下与法国公使巴特纳（Jules Patenotre）在天津签订《中法会订越南条约十款》，其中明确中越边界保胜以上和谅山以北为通商地点，法国在这里设置领事，法国的商人可以在这两个地方居住。云南、广西与越南边界的进口税率和出口税率都要降低。中国在这些区域修建铁路需要与法国商量办理。法国军队从台湾岛和澎湖退出。从此，中国的西南地区门户向法国开放。

法国并没有就此罢休。1897 年，在没有被清政府准许的情况下，法属印度支那总督杜梅就借口考察云南地理，派人在中国的云南对所在区域进行了全面勘察，除了考察地质情况之外，还考察了当地的降雨量、水文状况、人口状况、物产以及贸易等。此时的法国还没有能力修建跨国铁路，为了获得越南到中国云南的铁路路权，法国通过立条约的方式先得到许可，之后才开始筹划修建铁路的事宜。

甲午战争后，俄国、德国和法国的"三国干涉还辽"成了对清政府提出各种要求的资本。1898 年，法国产生了修建铁路的设想，就是从越南通往中国云南的铁路，可以从越南越境直接进入到昆明。法国就是要用这种方式将中国的后门打开，之后逐步深入到中国的内陆。对于清政府而言，这个要求是非常具有威胁力的。法国无视清政府的不同意，提出了自己的理由：当年如果没有俄国、德国和法国的努力，清政府怎么能将辽东半岛从日本的手里夺回来呢？为了感谢法国为中国立下的"汗马功劳"，清政府就应该答应法国修建这条铁路。慈禧太后对法国修建"滇越铁路"的要求，起初是拒绝的，因为铁路路权对于一个国家而言是至关重要的，就这样拖了一年又一年。到了 1903 年，清政府面对法国的压力已经感到力不从心了，此时的慈禧太后一想到中法战争中法国炮舰的厉害，就仿佛噩梦近在眼前。慈禧太后给自己一个理由：云南是中国的边地，距离北京还远着呢，修铁路也无妨。于是，清政府就与法国签订了《中法续议界务商务专条》，法国有权将越南铁路修到中国境内。法国对中国云南等西南省区的资源觊觎已久，梦想终于变成了现实。

当时的英国也正在筹划着跨境铁路，是从缅甸向中国的云南延伸。法国最初的想法是将跨国铁路从越南延伸到广西，如果将铁路修建到云南，就会优先占领云南。后来，法国改变了铁路线计划，从越南跨中越边境进入到云南境内。

法国控制着修建滇越铁路的所有投资，中国要获得这条铁路的股票，就要到巴黎股票市场购买，还未必能买到。铁路的所有管理人员均为法国人，中国人承担苦役。当滇越铁路竣工后，还可以修建铁路支线，铁路网覆盖范围会不断扩大。中国要将路权赎回来，要在八十年后。

滇越铁路共划分为两段，南段为"越段"，铁路线从越南海防到老街，长四百六十五公里；北段为"滇段"，铁路线从云南河口到昆明，长三百八十九公里。铁路全长八百五十四公里。1910年，滇越铁路竣工。滇越铁路不是国际标准轨，轨距只有一米，是窄轨铁路。当时国内的窄轨铁路有两条，即滇越铁路和正太铁路。

白寨大桥

关于滇越铁路，有一句民谣流传很广，"云南十八怪，火车没有汽车快，不通国内通国外。"

滇越铁路的南段在越南境内，北段在中国境内，将越南的首都河内与云南的昆明连接起来。滇越铁路途经区域的地质环境和气候环境都是非常复杂的。铁路跨越了金沙江、珠江、红河等水系，跨越了高原季风气候带、热带山地季风雨林湿润气候带、南亚热带半湿润气候带。云南是少数民族聚居地，滇越铁路就穿越了十二个少数民族聚居的区域。修建铁路的区域隧道多、桥涵多，平均每三公里就需要打通一个隧道、每一公里就要修建一座桥涵。可见，修建这条铁路的难度有多大。

滇越铁路是一米轨距的米轨铁路。将铁路设计为窄轨铁路也是考虑到诸多因素的结果，除了铁路的运力和修建成本之外，更为重要的是铁路沿线的地质环境条件。

关于铁路的运输能力，火车在宽轨上行走和在窄轨上行走，载重上一般没有太大的差别，窄轨的载重未必就少，甚至可以达到与标准轨同样的负载量。

关于铁路的修建成本，窄轨铁路的轨距不超过 0.9 米，成本会明显降低，但是，运载能力通常稍受局限，所以，登山铁路普遍使用这种轨距。

在修建滇越铁路的初期阶段，考虑到适应云南地区的地质环境条件，同时为了降低工程建设成本，采用了窄轨铁路设计，在铁路线路上也做出了调整。原计划的西线铁路途经之处有地震断裂带，而且云南地区的山地比较多，坡度很大，地理环境复杂，按照当时的铁路建设技术水平，在这样的环境中是没有能力修建标准轨铁路的。于是，法国将铁路线路向东迁移，并决定修建一米轨距铁路，可以满足经济相对落后的云南地区生活需要。

滇越铁路作为云南的第一条铁路，越南段地形比较平缓一些，云南段则是"桥隧相连，弯急坡陡"。铁路在海拔两千三百米的云贵高原与海拔七十余米的河口之间绵延起伏，五分之四的铁路线都是在群山峻岭之间。虽然修建米轨铁路的工程量要远远低于标准轨，但是，单位公里的铁路修建所消耗的成本为其他地区修建标准轨铁路的两倍。整个铁路修建中，所消耗的费用已经达到了两千万两白银。

滇越铁路共修建二十二座铁桥，总长度九百九十七米；修建一百零八座石桥，总长度三千一百一十八米；修建一百五十八座隧道，总长度一万七千八百六十四米。滇越铁路线最小曲线半径是八十米，最大坡度达千分之三十。

法国在云南地区修建滇越铁路还没有获得清政府同意，就已经于1899年成立了滇越铁路公司，以法国东方汇理银行为代表的几家机构组织开展集资。1901年，滇越铁路的南段，越南境内从海防至老街的铁路线路开始动工修建。直到1903年，法国与清政府签订了《滇越铁路章程》之后，法国才算真正意义地获得了修筑滇越铁路的特权，从1904年开始正式兴建。

滇越铁路的修建中，设计和技术都是当时世界上最先进的，是当时高水平铁路工程的代表。

滇越铁路的云南段上，白寨大桥是最大的一座金属高架桥，采用的是钢塔架桥墩。这座桥位于今红河哈尼族彝族自治州屏边县所在区域，是法国的桥梁设计大师、法国巴底纽勒建筑公司董事保罗·波登所设计。白寨位于屏边县湾塘乡与白河乡交界的不远处，这里有一条非常大的山沟，当滇越铁路修建到这里的时候，就被山沟挡住了去路。保罗·波登设计了钢塔架桥墩铁路桥。建筑的规模非常大，是滇越铁路云南段最大的桥梁，称为"白寨大桥"。

白寨大桥从1907年九月十五日开始修建，1908年三月就竣工了，全长一百二十六米。有八座钢塔架桥墩支撑铁桥臂拱，上行端连接隧道桥墩非常高大，其中第三号桥墩、第五号桥墩、第六号桥墩、第七号桥墩的高度达到三十四米。贵昆铁路上的可渡河特大桥在1965年建成之前，白寨大桥都享誉"中国桥墩最高的钢塔架桥墩铁路桥"盛名。桥梁是上承箱式钢钣梁，十七段八米。半径一百米的曲线上桥的长度为八十四点三米，桥墩和桥面的总体重量为三百七十四吨。如此规模巨大且施工难度高的工程仅仅用了六个月的时间就建成了，与保罗·波登的设计不无关系。

大桥所在南溪河谷的地形非常复杂，采用钢塔架桥墩则发挥了优越性。桥梁的设计简洁，规避了当地的各种影响因素，解决了峡谷地区的交通问题，施工效率也明显提高。

按照1905年的白寨大桥设计计划，是修建石砌高架桥，但是考虑到当地的地质条件和气候环境，石砌高架桥的施工难度大、进度慢，即便是到1909年底也未必能竣工。

保罗·波登对白寨大桥采用特殊设计的金属高架桥，是由于此前在类似的地形上曾经修建过石拱铁路桥，五个孔的拱跨是十米，两个孔的拱跨是五米，从1906年三月动工修建，持续施工用了四年的时间。白寨大桥的设计有了前车之鉴，就接受教训，采用了金属高架桥，于1909年四月十五日通车。

白寨大桥的修建中，不仅施工难度大，而且施工技术要求也非常高，在世界上也是屈指可数的。白寨大桥成了世界铁路史上值得仿效的范例。

悬空架设的五家寨"人"字铁路桥

提起滇越铁路，就会很自然地想到"五家寨铁路桥"。这是一座大型肋式三铰拱钢梁桥，两个拱臂构成汉字"人"字形，也被形象地称为"人字桥"。据说在悬崖峭壁中傲立的"人字桥"可以与法国的埃菲尔铁塔媲美，无论是设计风格，还是制造工艺，两者属同类。在铁路建筑史上，"人字桥"是一个奇迹。

在二十世纪初期，云南地区的人们还过着日出而作、日落而息的生活，一个巨大的铁路工程在这里启动了。在云南的崇山峻岭中修建铁路，难度是超乎想象的。滇越铁路云南段的修建中，几乎没有平缓的道路，也没有直线的道路，当进入屏边段，过了倮姑，一条好好的路被挤成一个"几"字形，滇越铁路施工的位置就在"几"字形的顶端。这一年是1907年，滇越铁路的修建正沿着南溪河岸逆流而上，到这里不得不停工了。

工程人员对这个区域进行了全面考察，发现南北两地的落差是非常大的。修建铁路的规定坡度要求不超过千分之三十，保证铁路机车可以正常行走。为了规避这个落差，铁路线的设计上就运用了延展的方法，拐了一个弯，这就必然会通过四岔河。

　　这里的四岔河河谷是南溪河的源头，谷中的溪流湍急，谷底乱石垒积，有瀑布垂下，使得谷底形成了深潭。在如此地势险恶的地方修建铁路，所遇到的铁路技术难题在当时的世界也是少有的。

　　四岔河河谷两侧的山峰高度为二百米，需要修建铁路的位置是在距离谷底一百米高处，两侧绝壁之间的距离大约七十米。这就意味着，要让火车铁轨通过，就必须要凌空架设一座铁路桥梁连接两端的隧道。当时多国的铁路专家都煞费苦心，但是这个难题依然没能解决。

　　为了获得最好的设计方案，法国铁路公司决定对外征集。经过工程师的勘测之后，勘测组将这一路段的具体情况以及特点拍成照片，在法国的报刊上刊登征集桥梁设计方案的启事。

　　法国工程设计师保罗·波登当时是法国巴底纽勒建筑公司的工程师，也参加了这次竞标。保罗·波登设计的威敖钢结构铁路高架桥在1902年完工，保罗·波登因此在行业内很有声望。保罗·波登亲手设计了威敖钢结构铁路高架桥，法国巴底纽勒建筑公司用七年时间完工，成功地跨越了威敖河谷。这座桥是法国最为著名的钢结构铁路高架桥，直到今日还在使用。威敖钢结构铁路高架桥是保罗·波登在壮年时期的创作。这个作品也将他的事业推向了顶峰。威敖钢结构铁路高架桥建成之后的第四年，当保罗·波登看到报刊上登出的启事，就希望再一次挑战自己的潜能。

当时有不少建筑设计师都希望在滇越铁路上留下自己的设计杰作，看到登出的启事后，就纷纷提交自己的设计方案。启事登出三个月之后，法国铁路公司收到二十多份设计方案，都不是很理想。保罗·波登也投入到紧张的设计当中，和他的设计团队一起，查阅各种资料，反复论证，所提出的设计构思一个个被否定了。保罗·波登画了几个草图，也是非常不满意，连续几个星期的时间都在冥思苦想，也没有可行的设计方案，他都开始怀疑自己的能力了。就在焦虑万分、疲倦不堪的时候，他随手将绘图的铅笔丢在了图纸上，两支绘图铅笔形成的支架形状吸引了他的目光，让他瞬间想起了埃菲尔铁塔，灵感也随之产生了，于是新的设计构思图很快地形成，这就是法国铁路公司接到的保罗·波登的设计图。法国铁路公司对所有竞标的设计图反复筛选，最终在八个优秀的设计方案中，保罗·波登的"人"字形构架方案脱颖而出。保罗·波登的设计不仅满足了技术要求，也满足了经济要求，而且他的设计还具有独特的美学价值，得到了各方的赞许。精妙的设计要变为现实，通过高难度的制造和高水准的施工工艺才能够实现。因此，这座桥的建设任务就交由保罗·波登所在的法国巴底纽勒建筑公司完成。保罗·波登的设计中标了，"人"字形构架图在深山峡谷中就要变成实体，在险峻的风景中显示其独特的美感。

这座桥的设计用的是创新设计手法，其完全是悬挂在两个悬臂之间，最低点距离桥的底部还有八十米的距离，是一座惊世骇俗的优美桥梁。施工洞距离桥底一百二十米的高度，桥面距离桥底一百米的高度。由于这座桥的设计造型好像弓弩一样，因此又称为"弓弩手桥"，悬空架设在悬崖峭壁之间。这种桥梁设计在当时的铁路建设史上是没有的，在中国是空前绝后的，直到目前为止中国再也没有建设这种悬空架设的桥梁。

滇越铁路修建工程到达波渡箐与倮姑站之间的时候，只见这里地势险要，山体大，坡面非常陡峭，世界范围内是少有的。一些地方的地势坡度已经接近垂直，上面是绝壁，下面邻近深渊，河谷中的溪流急匆匆流过。滇越铁路云南段的铁路线路中，从倮姑到白寨是最为奇险的，两站之间的直线距离是四十四公里，为下旋的大山弯，海拔高度相差一千二百四十二米，就是在这最为奇险的路段上修建"人字桥"。弯弯曲曲的路段总长度六十七公里，修建有七十八个隧道，四十七座桥梁。在两个悬崖中间要修建这座桥，两边桥头又是悬臂上开凿的隧道口，要将这座桥架起来是很困难的。

"人字桥"开工了。首先是在两边的山崖上分别凿开两个洞，作为桥的支点。悬崖上打眼是由劳工人工操作的，用绳子拴住劳工的腰，劳工被悬在半空中用錾子打洞口。劳工只要低头，就可以看到脚下一百多米的深谷。没有哪个劳工愿意施工操作，法国人为了鼓励劳工，提出打一锤就赏给一块大洋。劳工为了赚钱，就铤而走险。人的体力是有限的，手工操作效率很低，影响施工的进度。为了加快施工进度，就采用开山炸石的土方法。施工的进度加快了，对于劳工而言，就会遇到更多的危险。

按照当时的施工要求，每个劳工每天要完成 1.37 立方米至 2.46 立方米的土方，0.34 立方米至 0.62 立方米的石方，每天工作的时间要持续十个小时。劳工洒下的汗水只能换取微薄的酬劳。当时按照工种分，每天在规定的时间内完成工作，以计件的方式发放工资，劳工每天可以领取的工资数额为 0.3元至 0.7 元。当时劳工的工资是用越币支付的，一元越币是 0.92元滇币，一元滇币可以购买十二斤的大米。也就是说，劳工拼命工作，赚的钱只能满足生存需要。

开凿"人字桥"支点的时候，施工材料的运输工作正在进行。施工材料都是采用水上运输的方式到达云南的，之后就是依赖人力和畜力将材料运送到施工地点。从远在千里之外的海上开始运输，云南的红河发挥了作用，这也是唯一可以用于对外通航运输的河。施工材料都是从越南北部进入到中国云南境内。运输施工材料的过程中，在红河上用帆船运输施工材料到蛮耗，再从马帮靠劳工肩扛沿着小路将施工材料运输到工地。

修建"人字桥"所使用的所有部件都是在法国国内加工制造的。这些材料用轮船从法国运输到越南海防，再到蛮耗，需要二十天左右的时间。从昆明、蒙自到蛮耗的陆路通道是一条古道，在群山峻岭中穿梭，留下了当年劳工肩扛桥梁部件的痕迹。劳工至少要走三十公里的路程，一些施工地点会更远。

为了满足运输条件，要求所有的钢结构部件重量不可以超过两百斤，长度不能超过二点五米。事实上，修建桥梁所使用的部件中，多数为一点二米至一点五米之间。钢梁的高度不允许超过四米，宽度不允许超过四点零五米。整个的桥体就是由这些轻便短小的组件构成的，采用了当时最先进的拼铆技术拼接完成。这个桥梁需要的部件超过一万件。

"人字桥"施工中使用的各种工具和机械设备都是用骡马驮运或者人肩挑扛抬的，加上各种施工材料如钢梁、杆件，总体的重量已经超过一百八十吨。行路很艰辛，特别是需要爬一百米高的山崖才能到达施工现场，就更加吃力了。运输绞车上用于放桥梁拱臂的两根铁链的时候，就感到为难了。长达三百五十五米、直径十八毫米的铁链不能被锯断，重量达五千零九十公斤的铁链该如何运输呢？经过反复商讨，最终决定由劳工肩扛到施工地点。经过精确计算，二百名劳工就可以，两个劳工之间相距三米，平均每个劳工承担二十五公斤。就这样，一幅壮观的景象就出现了，六百米长的列队肩扛铁链在山间便道上徐徐挪动，将两根铁链运到施工地点用了三天的时间。

峭壁两端的隧道口的桥台开凿施工完毕，就开凿施工山洞。两端的山洞洞口在峭壁上，距离轨顶面高十九点一七米，规格为宽度四点四米、高度三点八米、深度四点零米。绞车以及滑车系等起重设备就安装在这里。隧道的下方还设计有钢筋混凝的拱座承台，铸钢球形支座就安置在上面。

进入到吊装施工环节。这是整个桥梁工程的关键一步，决定了合拢操作是否准确无误。

球形铰上垂直吊装三角形钢拱支架，三角形拱架顶悬挂在滑车上面，拱臂钢架合拢，两个三角形钢拱支架对接。在拼接槽中拼装上简支梁，就可在绞车和滑车的牵引作用下推送。每拼接大约十八米，就向前拖拉，几次的循环后全部到位。最后是桥面和轨道的铺设施工。

"人字桥"施工中所使用的材料做工精细，零件拼合毫厘未差，采用的工艺技术在当时也是最先进的。由于没有焊接技术，就采用了铆合工艺技术。桥身的两侧是等腰三角形钢拱支架，搭建完成后就合拢了。

1908 年七月十六日，山谷里空气清新。早晨八点整，拱臂开始合拢。如果这个"人"字形钢架的某个部件，包括底下的基础计算稍有疏忽，都是无法顺利合拢的，这就意味着桥梁建设失败。所以，计算、加工、施工都要非常精确。合拢持续了四个小时的时间，一切都很顺利。

这座"人"字铁桥的长度为六十七点一五米，宽度为四点二米，桥面距离谷底一百零二米，都是用钢板、槽、角钢、铆钉拼接而成。从 1907 年三月在距离四岔河谷谷底大约一百米的绝壁处打通隧道开始，到 1908 年十二月投入使用，持续了二十一个月的时间。其中，架设钢结构就持续了五个月的时间。

方苏雅的使命

1900 年，昆明发生了"昆明教案"。当时云南滇越铁路的法国总监是法国人奥古斯特·弗朗索瓦（中文名方苏雅），他与越南的都督杜梅通过滇越铁路的沿线将军火私运进昆明。当时英国也在觊觎云南，英国的海关将消息传出去，说法国人带着军火进入昆明，引起了昆明市民抗议，当地的法国商人、法国教堂都成为受攻击的对象，在昆明的法国人，包括修筑滇越铁路的各种人员以及法国的外交人员都不得不离开昆明。正在此时，天津爆发义和团运动，原本进入到昆明的法国军队转向天津，"昆明教案"被搁置。

1903 年，"昆明教案"又被提起，成为了法国索赔的借口，最终清政府允许英国和法国合作开办公司在云南地区开发矿产，同时向法国赔款十二万两白银。

法国在 1904 年开始修建滇越铁路北段，大批的工程技术人员进入到云南。英国也要在云南修建铁路。于是，英国、法国都与清政府签订协议，协议的内容是：在七个府开矿如果不是很满意，就可以用这个府换另外一个府。也就是说，如果在一个地区开采矿产得不到满足，就可以换个地方采矿，言外之意就是在云南的任何一个地方都可以开矿。

法国为了获得云南的资源，取得滇越铁路的修筑权和通车管理权是主要的途径。方苏雅是总领事，主要的工作就是对滇越铁路的线路进行勘测。方苏雅用照片记录了自己看到的一切，在日记中用文字写下了勘测的艰辛：每天的勘测中要行走二十至三十公里路，路途中只能看到猴子。有的时候是骑着马勘测，多数的时间自己就像猴子一样在悬崖峭壁中攀爬，为滇越铁路寻找线路。

滇越铁路北段终于在 1904 年破土动工了，1910 年竣工通车。一份法国政府报告中有这样一句话："滇越铁路不仅可扩张商务，而关系殖民政策尤深，宜控制铁路修建权，以获大量的矿产资源。"

方苏雅的使命完成了，也该回国了。但当初无论如何也没有想到，中国占据了他的整个后半生。

奥古斯特·弗朗索瓦于 1857 年出生于法国东北地区的洛林，家里经营呢绒生意，经济状况良好。奥古斯特·弗朗索瓦在十五岁时中学毕业，父母先后患病不幸去世，奥古斯特·弗朗索瓦成了一名孤儿。为了让自己更好地生存下去，他选择了参军，但由于部队政变失败，就开始学习法律。奥古斯特·弗朗索瓦二十三岁这一年，省长比胡将其收为义子，推荐他到外交部工作。1893年，奥古斯特·弗朗索瓦成为了法国外交部长的私人秘书。两年后，奥古斯特·弗朗索瓦担任法国驻广西龙州的领事，电影和电影放映机的发明人卢米埃尔兄弟送他来到中国，还送给他几台相机、一套摄影设备。奥古斯特·弗朗索瓦到了广西，认识了广西提督苏元春。苏元春给他起了个中文名字，就是"方苏雅"。名字来源于他的姓氏——Francois。可是，对这个名字，苏元春还有些犹豫，因为"苏"是他自己的姓氏。"雅"就是 élégance 的意思。奥古斯特·弗朗索瓦对这个名字很满意，从此就用了这个名字，还刻了一方印。

1899年的冬天，四十二岁的方苏雅担任法国驻云南府（昆明）的名誉总领事，还兼任法国驻云南铁路委员会代表。在方苏雅的行李中装着七支步枪、四支手枪，用于自卫，还携带了工作需要的各种工具，诸如三部中国阴历通书、四个温度计、大量玻璃底片、一个晴雨表、一个照准仪、五个指南针、几架一米六长的双筒望远镜。方苏雅一路走来一路拍，游历了很多地方，拍摄了很多照片，也写了大批的日记。从他的照片中可以看到当时云南地区的生活状态，特别是茶马古道，简直就是险峻难行。这条古道当时被称作"茶马互市"，因为在这条路上茶叶是贸易的根基，故名。茶马古道不止这一条路，有主线和支线，构成了一个非常大的贸易网络，用茶叶换回皮毛、香料以及各种首饰。方苏雅感慨，走这条路可真是"难于上青天"。

方苏雅从昆明经由楚雄，到昆明西北部的元谋，沿着金沙江而上，就进入到大凉山、小凉山，穿过泸定桥就到达康定，之后进入到川藏交界地带。方苏雅为了运玻璃底片，准备了十二只箩筐，用来包装的油纸都粘上牛血，以避免下雨被淋湿。

方苏雅游历整个云南省，当然不仅是为了拍照，而是承担勘测的任务，所以，他总是随身带各种地理工具，诸如圆规、六分仪、指南针和气压计等。道路崎岖，他就做好文字记录，将路线详细地画在纸上。方苏雅在勘测工作中做到了画图、绘制地形图、拍照、写日记相结合，力求所有的资料信息都恰到好处地体现出来。

1900 年发生义和团运动，方苏雅以自卫为名，携带军械到昆明。南关厘金局将这些军械扣压，方苏雅就带领十人用武力威胁的方式抢回。昆明的民众起来抗议，就发生了著名的"昆明教案"。云贵总督丁振铎全力保护方苏雅和其他三十二名法国人撤离，途中遭到袭击，所有玻璃底片和日记都丢失了。很庆幸，方苏雅已经将一些照片洗印出来。

方苏雅在中国是以领事馆外交官的身份出现的，在工作中与云南省地方官员之间建立了良好的关系，还承担着督办滇越铁路的使命，针对修建铁路事宜与中国政府协调好各方面的关系，对滇越铁路的线路进行考察。方苏雅在工作中，将摄影发挥到极致，他走过的云南土地，只要是看到的，方方面面都拍摄下来，内容广泛，并不局限于勘测用的照片，还有很多的风土人情、建筑物、当地具有代表性的美景，都用照片记录下来。

方苏雅该回国了，这一年是 1904 年，他在云南生活了十年，对云南如此熟悉，他走过的山川河流，看到的景象都历历在目。方苏雅离开云南的时候非常伤感地说："永别了，云南府！"

当方苏雅回到法国，就在法国的一个乡间营建了一个庭院，命名为"小中国"。他和妻子在这里守护着珍藏一百一十幅玻璃底片和千余张云南照片的紫檀木箱。也许方苏雅并没有想到，他的这些黑白照片已经成为一部亚洲最早的、最完整地记录一个国家和一个地区社会概貌的"黑白史书"，将农耕时代的云南最本质的一面用照片真实地呈现出来。对于云南人而言，这些纪实性照片是如此珍贵，这些照片就好像是一部完整的史诗，让云南人激动不已。

碧色寨火车站

　　碧色寨火车站建于 1909 年，原名叫"壁虱寨火车站"。这个火车站成为滇越铁路线上最美的风景，而且还充满了浪漫的气息。碧色寨火车站具体的位置是在今云南蒙自市碧色寨。蒙自市是云南红河哈尼族彝族自治州的首府，碧色寨火车站已经成为这里的标志性建筑物。

　　现在这座具有文艺色彩的火车站已经看起来斑驳泛黄了，给人以饱经风霜之感。候车室用红色的瓦装点，就好像碧色中的一点，光艳夺目，特别是在黄色的墙的映衬下显得格外耀眼，火车的钢轨在阳光的照射下闪着寒光。相信看过冯小刚执导的《芳华》的观众对这样的场景都不会陌生，这就是电影中的野战医院，也就是现实中的碧色寨火车站。滇南重镇蒙自因为这部电影被更多的人知道、熟悉，也会激起更多人的好奇心。

　　碧色寨火车站即便经历了一百多年，它当年的辉煌也无法被岁月抹去，拂去历史尘埃，依然能让人们感受时空的交错。碧色寨火车站的价值在于，让人们不要忘却那段厚重的历史。

碧色寨火车站是滇越铁路线上一个重要的火车站，距离昆明北站二百九十一公里，距离河口站一百七十七公里，在昆明铁路局管辖范围内。

1909 年，滇越铁路修建到今草坝镇碧色寨村山梁上，处于蒙自城北面十公里的位置，在犁耙山的东边山脚。当铁路铺轨到碧色寨，就在这里建了火车站，后成为滇越铁路与个碧石铁路接轨地点的换装站，便于货物换装和旅客换乘。

个碧石铁路是滇越铁路的分支，是一条中国人自己完全掌握路权的铁路。法国人修建滇越铁路的目的就是为了获取云南丰富的资源，特别是这里的锡矿是法国人觊觎已久的矿产。对于当地人而言，铁路作用不限于此，而是可以带来无限的商机，也可以对法国人的举动进行抵制。于是，当地人就采用了"师夷长技以制夷"的方法，修建铁路是最好的选择。当地的民众想到了民间集资修建铁路。1912 年三月，锡矿工商业者联名向云南都督蔡锷上书，要求民间集资修建个旧到蒙自、建水、石屏的铁路。个旧是闻名中外的锡都，这里的锡矿产丰富，修建铁路有助于锡矿的开采，将矿产运出去，而且自己的铁路自己做主，可以带动经济发展。蔡锷从多方面考虑，对这个要求表示应允，但是也提出，铁路没有修建完成之前，都不可以停止修建工作。于是，第一条中国民营铁路开始修建了，铁路线路从个旧经由碧色寨到石屏，即为个碧石铁路。这条铁路不是标准铁路，而是比米轨还要小一号的寸轨铁路，两条轨道之间的距离为 600 毫米。

个碧石铁路经过多年的筹划，终于动工了，这一年是1915 年。为了让铁路尽快投入运营，个碧石铁路采用了分段修建的方法，一边修建铁路，一边铺轨，之后就投入运营。个碧石铁路的首段的修建工作是从个旧经由鸡街、蒙自到达碧色寨，在这里与滇越铁路连接，称为"个碧铁路"，长度为七十三公里，1921 年铺轨完毕，年底就通车运营了。从鸡街分道到建水的铁路长度六十一点五公里，1928 年十月通车。建水至石屏的铁路是最后修建的路段，长度四十八公里。到1936 年，铁路全线通车，铁路的名称由"个碧铁路"改为"个碧石铁路"，铁路全长一百八十二点五公里。

个碧石铁路是当时全国范围内修建的铁路中，修建时间最长的铁路，1908 年就已经开始筹划这条铁路了。1913 年七月，陈鹤亭担任个旧锡务公司代总经理，个旧乡绅厂商修建个碧石铁路的问题是需要他重点面对的。陈鹤亭对自主修建铁路态度非常坚定，就一句话："个碧石铁路必须自建，也能够自建！"这不仅是对乡绅厂商的承诺，也是与法国人的对峙。在陈鹤亭主持下，个碧石铁路股份公司成立了，陈鹤亭担任公司的总经理，负责个碧石铁路建设。

直到 1915 年个碧石铁路才开始修建，1936 年全线通车，修建时间近二十一年半。个碧石铁路沿线的火车站是法式建筑，是个碧石铁路的独特景观。

滇越铁路路权落到法国人手中，滇越铁路与个碧石铁路交汇，法国人自然想也获得个碧石铁路路权，似乎这是顺理成章的事情。但是，个碧石铁路采用了民间集资修建的方式，而且自主经营，正是基于此，当地的乡绅和厂商都有权利阻止法国人的干预。乡绅和厂商们纷纷出面，资助修建这条铁路，为这条铁路做出了贡献，法国人无机可乘。

这条铁路在设计的初期请了一名美籍工程师多莱来主持设计勘测，他勘测设计几个月就搁置了，请法国人尼复礼士勘测设计也不够理想。陈鹤亭将法国的设计方案推翻后，决定放弃聘请外籍工程师，技术人员则由本省铁道专业学生担当。当进入到个碧石铁路修建的后期阶段的时候，鸡街至建水、建水至石屏段的勘测设计工作，陈鹤亭启用了中国人自己培养的工程师。省政府曾经有两次要插手管理这条完全民营的铁路，都没有获得成功。

滇越铁路于 1910 年全线通车，个碧铁路于 1921 年通车，碧色寨成为了中转站，也是当时很"繁荣"的火车站。

在火车站的附近有一个小村庄，在火车站没有建立之前就已经存在了，叫"坡心"。一名法国驻蒙自的官员发现了这里，被这里依山面水的景色所吸引，就将这个小村庄取了一个形象的名字，叫"碧色寨"。由于火车站建立起来，这座小村庄也受到了关注。原本居住着十几户人家的小村庄，通了铁路之后，就异常繁忙起来。碧色寨火车站是个碧石铁路线上的大站，很快就发展为中转站，贸易集市在这里形成，竟然发展为云南进出口贸易的集散地。

碧色寨火车站所在位置恰好是北回归线与滇越铁路的交汇处，与蒙自海关靠近，距离个旧锡矿也很近。个碧石铁路的"寸轨"与滇越铁路的"米轨"在碧色寨火车站处交汇，交通的便利促进了这里的贸易繁荣，各个地区的商贾涌来，带动了这里的经济发展。邮政局、警察局、洋行、餐厅以及百货公司都在这里建立起来，使这个地方的人气越来越旺盛，一些国外的公司也在这里开办了商业点，诸如亚细亚水火油公司、大通公司、哥胪士酒楼等。这里各种商品应有尽有，一些东西如果在蒙自城不能买到，到碧色寨就可以买到。一个名不见经传的小村庄由于处于个碧石铁路和滇越铁路的交汇处而快速发展起来。越南人将这里称为"东方小巴黎"。

第九章

承载齐鲁之荣辱——胶济铁路

曹州教案

1897年十一月，山东刚刚步入冬季，一件重大的事情就在山东曹州府（今山东菏泽）发生了，直接导致了义和团运动。事情发生在位于巨野县城东北十公里处的麒麟镇磨盘张庄，村里有一座天主教堂，就在十一月一日这一天，教堂的神父薛田资（Stenz）迎来了两名客人，分别是阳谷县传教的德国天主教神父能方济（Nies Franciscus）和郓城县传教的神父韩理（Henle Richard）。两个人要到兖州参加当地的天主教总堂举办的"诸圣瞻礼"，走到这里天色已晚了，于是他们就在这里借宿。这座教堂的神父薛田资出于礼貌，让客人住进了自己的卧室，自己在门房里休息。

就在这一天晚上的二更时分，教堂中闯入二三十个不速之客，各个手拿刀棍。看到卧室中已经熄灯，就砸破窗户进入到室内，能方济和韩理当晚被害。由于薛田资在门房住，侥幸逃过一劫，于是他就逃到济宁，发电报将事情告诉德国驻华大使，继而转到德国政府。

这件事情惹怒了德国政府，十一月十三日德国政府派出多艘军舰将胶州湾占领，将青岛炮台夺为己有。

山东巡抚李秉衡因此事受到牵连，与兖沂曹济道锡良、曹州镇台万德力、巨野知县许廷瑞等近十名地方官一同被治罪。清政府向德国赔偿二十万两白银，还要向巨野、济宁、曹州各地拨出六万六千两白银，各建一所教堂。新的教堂都要树立石碑，上面刻上"敕建天主堂"。此外，还要求拨出两万四千两白银在巨野、菏泽、曹县、郓城、单县、城武、鱼台为教士建设宅第，以作为防护住所。当时捉拿的"案犯"，主犯惠潮现、雷继参都要处死，包括蒋三得、萧三业、张允等人都要判以五年监禁。清政府还要对传教士采取保护措施，保证不会有类似的事情发生。这就是当年的"巨野教案"，即为"曹州教案"。

后来经过调查，曹州教案逐渐水落石出，原来是民间秘密会党组织大刀会组织的一次有计划的行动。巨野知县派兵围剿过大刀会，大刀会这么做是为了报复，就用这种方式激怒洋人，借洋人的手让巨野知县获罪，薛田资也会因此丢性命，没想到薛田资竟然逃过这一劫。

紧接着，曹州教案引发了义和团运动。这也成了德国对清政府采取军事行动的借口。

事实上德国在向远东地区不断扩张，很早就想占领胶州湾。在1896年还曾经派德国远东舰队司令梯尔匹茨窥探胶州湾。德国曾经四次向清政府提出租借胶州湾港口的要求，都遭到了拒绝。为了占领胶州湾，德国还在1897年二月派河海工程专家弗朗求斯对胶州湾进行调研，获得了有关当地资源、风土人情、民间风俗等大量资料，甚至已经将开发胶州湾的计划制定了出来。各项准备就绪，就只欠"东风"了。

曹州教案让德国有了借口，德军舰队全副武装进入胶州湾。驻防胶澳（青岛地区）的清军总兵章高元接到德军舰队司令棣利斯通知，说仅仅是"借地操演"，几天后就撤出。章高元与棣利斯派出的代表会晤，对棣利斯的要求表示同意。德军就顺理成章地占领了胶州湾的口岸要隘、沧口、女姑口，将清军驻地包围。清军总兵章高元接到清政府的命令："惟有镇静严扎，任其恐吓，不为所动，断不可先行开炮，致衅自我启。"面对德军压境清政府却不抵抗，还将章高元调离胶澳地区，派往烟台。德军在半个月之内就将胶澳占领了。

1898 年，清政府在德国武力胁迫下签订了中德《胶澳租借条约》。胶澳成为德国的租借地，租期九十九年。租借地包括里仁乡的阴岛和即墨县仁化乡白沙河以南的区域，陆地面积五百五十一点五平方公里。德国人在胶澳租界内建成市区，称为"青岛"。

双面学者费迪南·冯·李希霍芬

1898 年，德国与清政府签订《胶澳租借条约》后，同时也获得了山东铁路筑路权，有权利在铁路沿线的三十公里内采矿。德国对山东地区的丰富资源已经了如指掌，在准备充分的情况下，快速实施了开发计划，并逐渐向内地辐射。

1899 年，德国建立了山东铁路公司、矿业公司，开始着手修建铁路，对当地的矿产资源进行开采。当年的九月，胶济铁路工程开始动工，到 1904 年，胶济铁路全线通车。德国在修建胶济铁路的同时，发现了博山有丰富的煤炭资源，就修建了张博（张店到博山）支线。胶济铁路连接青岛港口，延伸到土地广袤、资源富集的山东腹地。胶济铁路通车后，青岛港快速发展起来，成为国内的重要港口。德国获得了巨大的利益，铁路通车的第二年，发送旅客和货物所获得的经济收入就超过了四十九万两白银。到 1913 年，客运量增加百分之六十三，货运量则增加两倍，获得的经济收入增加一倍多。1906 年胶澳海关所获得的经济收入是非常可观的，超过了已经运营五年的烟台港，使得青岛成为山东重要的贸易口岸。到 1907 年的上半年，中国当时有三十六个海关，青岛排名第七位，到 1912 年晋升为第六位。德国获得胶济铁路的修筑权和使用权的主要目的是为了获得山东的矿产资源。从 1902 年到 1913 年，德国在山东挖掘煤炭三百四十一万吨。

胶济铁路的全线通车，与德国的一位地质学家密切相关。胶济铁路上行驶的蒸汽机火车头上印着"LI Hau Fen"，就是为了纪念费迪南·冯·李希霍芬。这位德国地质学家为中国的地质学做出了重要贡献，同时也为德国提供了服务，使山东成为德国觊觎的对象，青岛成为德国殖民地。因此，费迪南·冯·李希霍芬被称为双面学者。

费迪南·冯·李希霍芬在地理研究领域所获得的成果使其学术地位显赫，而且他还非常有战略野心。

第二次鸦片战争后，英国和法国与清政府签订了《天津条约》，德国严重受刺激。在全球殖民竞争中德国也要"分一杯羹"，李希霍芬此时来到中国目的是显而易见的。

1859 年，德国商务大臣海特给德国国务总理曼陶斐尔致信，其中提道：普鲁士也要从发生事变那里（中国）捞取好处，不要让其他国家的商人将市场占领了。这一年的秋天，德国政府派出外交使团到中国，费迪南·冯·李希霍芬就是其中的一员。他的使命是与中国、日本、暹罗缔结商约。在中国他没有进入内陆，而是在香港、广州、上海等经济发达地区徘徊，之后就将工作转移到东印度群岛。在美国西海岸加利福尼亚居住的六年中，让李希霍芬久久不能忘怀的就是远在地球另一端的中国。

终于，李希霍芬在美国和德国资本家的资助下返回中国，此次李希霍芬的工作任务就是到中国考察，撰写成报告回馈给资助者。李希霍芬的报告内容非常详细，包括中国各个地区矿产分布情况，土特产的分类以及价格情况，各个地区之间的交通线路以及交通运行状态。李希霍芬到中国的南方地区考察，对河水的水位进行了详细观察，还针对这些水域通航的可能性进行论述；到中国的北方地区，对黄土地貌予以关注，分析在这些地方修路将会面临的困难。从 1868 年到 1872 年，李希霍芬在中国境内进行了七次科学考察，涉足中国的十三个行省。

1869 年三月，李希霍芬从苏北沿着大运河进入到山东。李希霍芬的第三次科学考察就是在山东展开的，主要是对山东的煤炭资源进行调查。李希霍芬在日记中对考察的内容详细记录，包括沂州府、章丘县、博山县、潍县的煤炭产量，已经精确到日产量、单位价格。

李希霍芬对山东的印象是非常好的，在他的日记中是这样描绘的："眼前的景色突然发生了变化……这里的人穿着好一些而且行为举止更加文明。我们之前总听到的'洋鬼子'再也没有人喊了。之前见过的街道大都很破败，现在却既宽又干净，铺着大石条，甚至路两边还栽上了树，这在江苏从来没有见到过。"

李希霍芬在泰山的考察结束之后，1869 年四月就到了济南府，所记录的是与当地外国传教士的交流情况。李希霍芬认为，这些外国传教士仅仅是穿着中国的服装，对中国文化并没有深入的了解，对这些传教士给予厚望是很难获得成就的。

李希霍芬对山东人也给予了很好的评价，他认为山东人的性格温和，非常聪明，而且能吃苦，比较听话。

即便李希霍芬回国后，对中国的山东依然是念念不忘。他的著作《中国——亲身旅行和据此所作的研究成果》（第二卷）在1882年出版发行，其中记述了他在山东考察期间所获得的资料内容，文字颇多，还明确指出，德国进入中国，胶州湾是最理想的地点。在这里修建铁路穿过山东的重要煤区，还可以从济南通往北京、河南，交通是非常便利的。山东地区和华北地区的土特产以及棉花等，都会有很好的销路。一些国外进口的货物也可以通过铁路运输到重要的地区。从海上交通情况来看，可以跨过大洋的船能够在当地的港口自由出入。对于山东而言，胶州湾是重要的门户。另外，山东占据着优越的地理位置，这里煤矿资源丰富，而且质量上乘。中国拥有便宜的劳动力，而且中国人充满智慧。

德国布局中国的战术中，胶州湾是重点，也是起点，目的在于占据这里的原料市场。德国以青岛为突破口进入山东。为了山东的矿产资源以及中原腹地的矿产资源，占领胶州湾是关键的一步。从李希霍芬到山东对当地的矿产资源进行考察到签订《胶澳租借条约》，德国人用了三十年的时间将梦想变成了现实。

德国钢枕

从青岛经潍县（潍坊）到达济南的铁路线以及到博山的支线都由德国的辛迪加银团承担。山东铁路公司设立在德国柏林，分公司以及最高营业部都设立在青岛。总办和营业部长都要由德国政府认可才可以担任。

胶济铁路是从1899年的九月开始修建的，起始端是青岛，铁路线向西延伸。施工的过程中，所需要的铁路桥梁施工材料也进入到准备阶段，所需大约六千吨。仅仅施工两个月，在高密县就发生了大规模的农民起义，抵抗德国修建铁路，胶济铁路因此停工一年。

施工虽然停止了，但是工程的其他项目依然有序展开。胶济铁路需要的轨道材料大约四千三百吨，都要从德国汉堡运输到山东。山东铁路公司与德国的两家运输公司，即亨宝公司和北德劳埃德公司签订运输合同，用轮船运输，三个月后，轨道材料运达青岛，用于铺设青岛到胶州段的铁轨。1900年十月，山东铁路公司在四方车站旁兴建"胶济铁路四方工场"。1900年十一月，八台机车和二百二十六节车厢已经通过海运到达了青岛。从每个时间节点来看，德国对于胶济铁路的各个施工环节的调度都是有条不紊的。可见，德国对胶济铁路的修建已经做出了周详的计划，且德国对铁路修建积累了丰富的经验。

从工业发展的角度而言，德国经历了第二次工业革命之后，工业实践经验在胶济铁路的修建上得到了验证。1880年，德国人卡尔·本茨制造出用汽油内燃机驱动的汽车，成为德国工业生产成熟的标志。由此德国标准化形成，标准化就意味着工业生产的速度加快，资本集中起来扩大规模，于是辛迪加作为资本主义垄断组织的一种基本形式出现了。胶济铁路以及铁路沿线的矿业投资就是采用了辛迪加银团方式，德国的十四家银行为铁路的修建提供了贷款。

如果说李希霍芬的山东考察为德国提供了实现梦想的途径，盖德兹和锡乐巴在1898年对山东的考察则更具有现实意义。他们主要是从胶济铁路的建设出发对山东进行考察，基于李希霍芬的思路进一步确认铁路线路，修建与胶济铁路相匹配的工场也是这一次考查的主要内容。

盖德兹提出修建铁路工场的地址可以选择青岛，也可以选在潍县。靠近海边对施工材料的进口是非常有利的，不仅运输便利，而且还可以将运输成本降到最低。但是，要将需要修理的机车车辆都在铁路终点集中，就很难操作。这就是为什么将胶济铁路工场建在距离青岛七公里的四方的原因。最终，山东铁路公司将铁路工场确定在四方。四方工场的地势低洼，是可以使用的天然地基（最低 -0.6 米，最高 69 米），用填土夯实施工的方法将工场建成。这里承担胶济铁路的车辆装配工作，完成车辆的维修任务。

从 1900 年的年末，德国船运来的机车就在四方工场组装，一年的时间完成了十三台蒸汽机车的组装，这些机车运行的速度为每小时六十公里。到 1903 年，四方工场真正建成，开始正式投入使用，主要雇用中国劳工，十四位德国技术人员承担组装机车和修理的指导工作，还在场内开展培训学习活动，培养了具有一定技术水平的德式工匠。

值得一提的是，胶济铁路使用的枕木不是混凝土枕，也不是木枕，而是钢枕。1825 年铁路产生，木枕被普遍应用。1884 年，法国在修建铁路时，首次使用钢枕，而后钢枕快速在欧洲其他国家大量使用。德国是当时使用钢枕最多的国家，已经超过了法国，在所有的铁路路线中，钢枕线路占有率为百分之四十，当时世界范围铁路使用钢枕的占有率也仅为百分之十左右。

为什么胶济铁路要使用钢枕呢？

德国工程师锡乐巴多年在中国工作，参与了大冶铁路的修建。这条铁路全部采用了德国的先进技术和设备，钢枕就是这条铁路的一大特色。锡乐巴认为，在中国的气候环境中，木枕容易被白蚁和腐蚀类物体侵蚀，而缺乏持久性。钢枕不需要担心蛀虫，不怕火烧。钢枕可以承受更大的荷载，能够提供比较大的纵向阻力和横向阻力，更好地维持轨距不变。

钢枕的优点还在于，如果出现破损，就可以通过电焊修补，废弃的钢枕还可以回收，回收率超过百分之七十。但是，钢枕的造价要高一些，如果铁路线上有绝缘需要，就容易遭到侵蚀。当列车经过的时候，会产生很大的噪声。钢枕具有明显的热胀冷缩特性，冬季气候寒冷的环境下，钢枕由于冷缩的幅度大会出现裂痕，甚至会折断。

经过多方比较，胶济铁路全线使用低碳钢枕，轨枕长二点五米，五十公斤重。钢枕的形状是两端弯曲，整体上是燕翅形。

胶济铁路全长三百九十三公里，是中国第一条采用钢枕、线路长度超过三百公里的铁路。

1901 年四月，胶济铁路从青岛至胶州段竣工并通车。1904 年六月，胶济铁路全线通车。

近代火车站建筑中的精品

济南有一座"老火车站"堪称是艺术瑰宝，很遗憾在 1992 年被拆除了，消失在人们的视野中，它就是津浦铁路济南站。在济南，除了这座火车站之外，还有一个建筑经典之作，就是胶济铁路的终点站——济南站。

在修建胶济铁路的时候，津浦铁路正处于酝酿之中。德国希望胶济铁路与津浦铁路并轨，在选择胶济铁路终点站济南站地址的时候就买了一块土地，这块土地一千八百五十米长，三百米宽，计划两条铁路线在这块土地上共建一座火车站。

胶济铁路的济南站修建完成后，具体位置是在经一纬五路口北侧一带，规模较小，只有几间朴素低矮的平房。车站定名为"济南西站"，也被称为"商埠站"。德国建设这座火车站的时候，并没有想到商业发展如此快速，车站的空间显得有些局促，难以承受大量的人口流动和货物的运输，而且火车站的各项设施也非常简陋。由于在商埠区只有这么一个火车站，日常显得繁忙而拥挤。

德国希望胶济铁路和津浦铁路并轨，在济南共用一个火车站，中国方面不希望德国借此夺走津浦铁路的控制权，对德国的提议没有采纳。德国方面与中国方面谈判，一再强调，如果津浦铁路与胶济铁路的济南站各自独立使用火车站，就是错误的决定。津浦铁路建设一座独立的火车站，即便是铺设轻便轨道，也需要耗费三十万马克（三十万两白银）至四十万马克（四十万两白银），共用车站就可以节省这笔费用，何乐而不为呢？中国方面有自己的想法。如果为了节省这点钱失去了津浦铁路的路权，不是因小失大吗？一旦德国夺取津浦铁路的路权，就会面临德国军队入侵北京的风险。

德国积极争取以实现自己的计划，最终还是落空了。

1911 年，中国人另建了一座独立的济南站，就是津浦铁路济南站。这座火车站设计精美，由德国建筑大师赫尔曼·菲舍尔设计。整个火车站建筑是一组建筑群，为巴洛克风格。建筑均为红松铆榫结构，没有使用一颗铁钉，非常坚固。在当时的中国，无论是谁看到这座建筑，无一不产生耳目一新之感。津浦铁路济南站可谓是当时的经典之作，精美的造型使津浦铁路济南站成为济南的新地标。津浦铁路济南站也是当时亚洲最大的火车站。

关于赫尔曼·菲舍尔，很多人对这个人知之甚少。赫尔曼·菲舍尔设计津浦铁路济南站的时候，仅仅二十四岁。

赫尔曼·菲舍尔 1884 年出生于德国哈茨的罗斯拉（Rossla），就读于德国希尔德堡豪森大学。毕业后，他成了一名建筑师。在二十世纪初期，中国要修建一条铁路，修建的区域就在中国的山东。1908 年，赫尔曼·菲舍尔从西伯利亚铁路进入中国，到了山东济南，成了修建津浦铁路济南站的设计师。津浦铁路就是在这一年开始建设的，济南火车站也在筹划当中。赫尔曼·菲舍尔将津浦铁路济南站设计为德式车站建筑，无论是设计风格还是建筑结构，都是令人叹为观止的。赫尔曼·菲舍尔在济南生活了近七年，于 1914 年离开济南去了法国。

胶济铁路济南站与赫尔曼·菲舍尔设计的作品相比，看起来近乎寒酸。德国人看到不远处的津浦铁路济南站，有些不甘落后，就开始对胶济铁路济南站进行扩建。扩建的地点已经不在原来的位置，而是从津浦铁路济南站的西南方向迁移到正南方向，距离津浦铁路济南站仅仅三百米，胶济铁路济南站刚好将津浦铁路的济南站遮挡得严严实实。

新的胶济铁路济南站在设计上更倾向于德国古典主义风格，建筑的中间突出部分是候车大厅，二层的爱奥尼克柱廊高大宏伟，坡屋顶陡峻而大气。建筑的中间部位设钟楼，两边为不对称设计。钟楼的东侧是贵宾休息区，钟楼的西侧是办公区和旅馆。建筑的色彩也非常艳丽，屋顶是红色的，墙面上粘贴的蘑菇石是咖啡色的。整体的建筑都给人以别具一格的商埠风采。德国人还在火车站大厅的地面上镶嵌了象征荣耀的铁十字勋章图案。德国人的心思显而易见。

就在德国致力于修建火车站的时候，日本及英国开始对德国宣战，日、英联军开始攻打青岛，这就是著名的青岛战役。

日德战争是第一次世界大战中的一个组成部分，是1914年日本与德国在中国的山东境内展开的一场战争，这里也是第一次世界大战中唯一的亚洲战场，目的是争夺中国的青岛以及周围的岛屿。第一次世界大战当年在欧洲爆发，欧洲战场上英国正在与德国战争。日本对占领青岛谋划已久，就向德国宣战，英国也参与其中，与日本合作对抗德国。日本对德国宣战之后，立即派出海军将胶州湾封锁，英国派出了西库斯联队连夜从天津港起锚快速向青岛行进。

德国当时正忙着应付欧洲战争，没有多余的精力顾及在中国的德国军队。于是，在中国的德国人面对日本人感到心有余而力不足。德国当时是双线作战，对中国殖民地已经无暇顾及。日本发起进攻没多久，德皇威廉二世就下令在中国的德国军队撤出青岛，加之日本已经与英国建立了同盟，德国放弃青岛也是一种必然的选择。日本则是险胜，付出的代价是牺牲几千名日军，德军的牺牲人数仅几百人。德国控制的青岛和修建的胶济铁路都被日本夺去了。

胶济铁路落到日本的手中时，新的胶济铁路济南站还没有完工，日本也接了过来。有趣的事情发生了。德国与日本是相互敌对的，日本将德国修建的胶济铁路夺走，面对没有完成的济南火车站工程，没有选择破坏，而是继续建设。1915年，新的胶济铁路济南站竣工了。这座欧式的火车站由德国、日本两个敌对国家先后建设，在中国铁路建设史上也是很少见的。

参考文献

·张之洞 . 张文襄公全集（全四集）[M]. 北京：中国书店，1990.

·中国史学会 . 洋务运动（六）[Z]. 上海：上海人民出版社，1961.

·顾廷龙，叶亚廉 . 李鸿章全集（二）［M］. 上海：上海人民出版社，1986.

·刘坤一 . 刘坤一遗集［M］. 北京：中华书局，1959.

·王彦威，王亮 . 清季外交史料［Z］. 台北：文海出版社 .

·北京大学历史系近代史教研室 . 盛宣怀未刊信稿［Z］. 北京：中华书局，1960.

·王铁崖 . 中外旧约章汇编（第一册）[Z]. 北京：三联书店，1957.

·王铁崖 . 中外旧约章汇编（第二册）[Z]. 北京：三联书店，1959.

·梁启超 . 饮冰室合集［M］. 北京：中华书局，1998.

·庄练 . 中国近代史上的关键人物（下）［M］. 北京：中华书局 .1988.

·宓汝成 . 中国近代铁路史资料（1863—1911）［Z］. 北京：中华书局，1963.

·马陵合 . 清末民初铁路外债观研究［M］. 上海：复旦大学出版社，2004.

·许同莘编.张文襄公奏稿（卷十七）［Z］.1920.

·孙毓棠.中国近代工业史资料：第1辑（下册）［Z］.北京：科学出版社，1957.

·张瑞德.平汉铁路与华北经济发展［M］.台北：台湾商务印书馆，1980.

·马克思恩格斯全集［M］.北京：人民出版社，1961.

·凌鸿勋.中华铁路史［M］.台北：台湾商务印书馆，1981.

·章勃.国有各铁路之概况与今后整理之计划［J］.交通杂志：第1卷，第六七合刊.

·汪敬虞.中国近代工业史资料：第2辑（上册）［Z］.北京：科学出版社，1957.

·台湾"中央研究院"近代史研究所.中国近代史资料汇编［Z］.台北：台湾商务印书馆，1981.

·陈真.中国近代工业史资料：第2辑［Z］.上海：三联书店，1958.

·河北省政协文史资料研究会.河北文史集粹［Z］.石家庄：河北人民出版社，1984.

·何汉威.京汉铁路初期史略［M］.香港：香港中文大学出版社，1979.

·吉林省社会科学院《满铁史资料》编辑组.满铁史资料：第二卷（第二分册）［Z］.北京：中华书局，1979.

·复旦大学历史系中国近代史教研组.中国近代对外关系史资料选辑（1840–1949）：上卷（第二分册）［Z］.上海：上海人民出版社，1977.

·崔不.近代东北亚国际关系史研究［M］.长春：东北师范大学出版社，1992.

·关赓麟.交通史路政篇（九）.交通、铁道部交通史编纂委员会，1931.

·詹天佑科学技术发展基金会，詹天佑纪念馆.詹天佑文集：纪念詹天佑诞辰 145 周年［M］.北京：中国铁道出版社，2006.

·沈云龙.近代中国史料丛刊（第十四辑）.台北：文海出版社，1973.

·詹同济.詹天佑书信选集［M］.广州：华南理工大学出版社，2006.

·詹天佑.京张铁路工程纪略［M］.中华工程师学会，1915.

·伯尔考维茨.中国通与英国外交部［M］.北京：商务印书馆，1959.

·对外贸易部海关总署研究室.帝国主义与中国海关［M］.北京：科学出版社，1959.

·王彦威.清季外交史料（第 135 卷）［Z］.北京：书目文献出版社，1987.

·《北京铁路局志》编纂委员会.北京铁路局志.北京：中国铁道出版社，1995.

·《北京站志》编委会.北京站志.北京：中国铁道出版，2003.

·郑长椿.中东铁路历史编年［M］.哈尔滨：黑龙江人民出版社，1987.

·王云五.中俄关系与中东铁路［M］.上海：商务印书馆，1933.

·黑龙江省档案馆.中东铁路（档案史料汇编），1987.

·张嘉墩.中国铁道建设［M］.上海：商务印书馆，1946.

·金士宣，徐文述.中国铁路发展史[M].北京:中国铁道出版社，1986.

·山东省地方志编纂委员会.山东省志·铁路志［M］.济南：山东人民出版社，1993.

·济南铁路局史志编纂领导小组.济南铁路局志（1899–1985）［M］.济南：山东友谊出版社，1993.

·孟凡良.济南铁路分局史志资料选编（第2辑）.济南铁路分局史志编纂办公室，1988.

·青岛市档案馆.胶澳租借地经济与社会发展——1897–1914年档案史料选编.北京：中国文史出版社，2004.

·青岛市档案馆.青岛开埠十七年——《胶澳发展备忘录》全译.北京：中国档案出版社，2007.

·全国铁路商运会议秘书处.全国铁路商运会议汇刊.沈云龙.近代中国史料丛刊（第3辑第236册）.台北：文海出版社，1989.

·祁冠英.济南开埠经过和规划修建情况.济南市政协文史委员会.济南文史资料选辑（第8辑）.1988.

·交通、铁道部交通史编纂委员会.交通史：路政编（7–13册）［G］.南京：交通、铁道部交通史编纂委员会，1935.

·沈祖宪，等，编纂，袁克文，撰.容庵弟子记［M］.台北：文海出版社，1966.

·廖一中，罗真容.袁世凯奏议（下册）［M］.天津：天津古籍出版社，1987.

·詹同济．詹天佑日记书信文章选［M］.北京：北京燕山出版社，1989.

·骆惠敏．清末民初政情内幕——《泰晤士报》驻北京记者、袁世凯政治顾问乔·厄·莫理循书信集（上册）［G］.上海：知识出版社，1986.

·徐启恒．詹天佑和中国铁路［M］.上海：上海人民出版社，1978.

·苏全有．清末邮传部研究［M］.北京：中华书局，2005.

·詹同济．詹公天佑生平志［M］（詹天佑纪念馆文献），2011.

·李喜所．留美幼童小传—中国留学史论稿［M］.北京：中华书局，2007.

·沈斌才，江仕琴．山区铁路选线［M］.北京：中国铁道出版社，1987.

·郝瀛．铁路选线设计［M］.北京：中国铁道出版社，1996.